六百商於路
崎岖古共闻
蜂房春欲暮
虎阱日初瞳
路向泉间辨
人从树杪分
更谁开捷径
速拟上青云

寻找记忆中的村落

商洛市特色村落小镇集锦

寻找记忆中的村落

商洛市特色村落小镇集锦

商洛市人民政府
商洛市城乡建设规划局
商洛市建筑勘察设计院 编著

科学出版社
北京

图书在版编目（CIP）数据

寻找记忆中的村落：商洛市特色村落小镇集锦 / 商洛市人民政府，商洛市城乡建设规划局，商洛市建筑勘察设计院编著. --北京：科学出版社，2016.10
ISBN 978-7-03-050225-4

Ⅰ．①寻… Ⅱ．①商… ②商… ③商… Ⅲ．①古建筑－介绍－商洛②村落－介绍－商洛 Ⅳ．①K928.71②K926.15

中国版本图书馆CIP数据核字（2016）第249447号

责任编辑：吴书雷 / 责任校对：张凤琴
责任印制：肖 兴 / 书籍设计：北京美光设计制版有限公司

科学出版社 出版
北京东黄城根北街16号
邮政编码：100717
http://www.sciencep.com

北京汇瑞嘉合文化发展有限公司 印刷
科学出版社发行 各地新华书店经销

*

2016年11月第 一 版　开本：889×1194　1/16
2018年7月第二次印刷　印张：16
字数：460 000

定价：280.00元
（如有印装质量问题，我社负责调换）

寻找记忆中的村落
商洛市特色村落小镇集锦

《寻找记忆中的村落——商洛市特色村落小镇集锦》编委会

顾　　问：	陈　俊　郑光照
主　　编：	徐明非
副 主 编：	曹宝良　许永山　周　育　杨建军
技术顾问：	艾贤宗　赵绪春　王锁宏　李晓红　姚怀亮　陈道久　王树声　王　凯　崔　凯　严少飞
委　　员：	王金萍　严洪伟　刘　怡　高　菁　辛　瑾　白晓君　杨　蓉　汪　丹　王　昭　解婕心

序

不想泛化"乡愁"的概念，当初结集汇编时，起了一个朴素的名字："寻找逝去的记忆"。后又担心太过消极，确也与我们的工作状态不符，改作现在的书名。原本就是一份工作记录，随性而做，整理后可作参考资料。累积多了，作为建筑风格与城市文脉的素材，确也成了商洛城市建筑风貌规划调研的基础。后来，也养成了设计院的同事们下乡踏勘时的习惯，有些额外的收获。

于我而言，商洛虽没有乡愁，但确实感情很深。今也成了"老"商洛人了！关于商洛的记忆，常会在几乎所有想得到的情景下进出。在商工作八年，几乎走遍了商山的沟沟岔岔，趟河涉水，在记忆的脑海里，无论是雄伟的大秦岭，抑或是美丽的丹江水，无不诠释着大自然的恩赐和厚爱，演绎着人对自然的认知和敬畏。至今，我会感慨老天的公道，世界的公平，人不可妄自菲薄。城市的大与小，似有不同的使命，自然会有不同的魅力与发展路径。常常，大自然却也给了小城市更多的眷顾，真山真水，不"劳"而获，也养就了人的真性情。总是想，本来这里就是一个自然极美的地方，不要因人的"逞能"毁了她，少些拙昧的"创造"，多点自然的生长，就如同我们曾有的记忆和村落。

回想初入商洛，有知无畏。对城市、对自然风光都只是有些粗浅了解，为应旅游宣传之需，把握时机，借大秦岭之势，大胆提出"秦岭最美是商洛"，又共同为之做了诸多工作，使这一城市旅游宣介，渐成了城市品牌。城市的工作有了总领，城市人也因此有了神气，城市的环境亦如点睛般生了活力。随着时间的推移，环境的变化，有些事慢慢地模糊起来，但却有一些东西，始终占据了我脑海的重要位置，不仅没有忘记，反而时时想起，让我的惦记和牵挂与日俱增，思念和呵护日复一日。我更加感受到，是这里的山水给了人灵感，是这里的人文给了人神气。一个地方最打动人的一定是这里的人所创造出来的魅力。也许是学建筑的因由，偏偏就是记忆中的这些古老村落，让人眷顾留恋，情不自已。

商洛历史上就是京畿之地，东入长安，是秦风楚韵各类文化的交融之地，更是隋唐诗歌之路的重要节点。或许正是这诗歌的传诵，滋养了商山的众多文人雅士；也吸引了更多的先祖在此休养生息，用他们的智慧和力量留下了一片片凝固的艺术—记忆中的村落。这里有至今还保留着客家人方言和习俗，被称为"丹江源头梁坪客家山寨"的黑龙口梁坪村；始建于元代，至今还保留有四个院落、自然灵动的洛南石坡镇李河村鞑子梁石板房村落；有坐拥盐帮会馆、船帮会馆等历史遗迹的丹凤龙驹寨镇；亦或是集南北建筑艺术于一体、享誉省内外的历史文化名镇漫川关镇，等等。客家山寨、石板屋、花庙、双戏楼等这些林林总总的建筑形态，传承了深厚的文化积淀，都在经历了无数岁月的洗礼和文化的浸淫后，静静地向后人诉说着商洛人的勤劳智慧，商洛山的风土人情……这些记载着商洛历史的活化石，也必定是商洛未来的见证者。今天，任何一个地方，没有农村的建设发展，缺少了古村落的有机更新，再快的城镇化发展也将是苍白与乏味的。保护好历史，发展好现在，谋划好未来，是历史使命，责无旁贷。

不在其位，仍思其进。商洛的发展，无时无刻不牵动着我们这些"老"商洛人的心绪；无论身在哪里，总在期盼她辉煌美好的明天。真诚地希望能为商洛的明天，提供一点专业的视角、个性的思考以及特有的路径启发。衷心希望《寻找记忆中的村落——商洛市特色村落小镇集锦》这本凝聚了很多人心血和汗水的镇村集锦能让更多的人认识有历史、有故事的商洛；熟悉有文化、有传承的商洛；向往自然、生态、和谐的商洛。

我爱商洛！……

打开《寻找记忆中的村落——商洛市特色村落小镇集锦》这扇窗，你能看到别样的风景。我也知道，我的同事、那些年轻的伙伴们，他们的探索还在继续……

徐明非

2016 年 6 月

前言

《寻找记忆中的村落——商洛市特色村落小镇集锦》一书，历时两年多时间，终于付梓出版。这本集锦能够呈现于读者面前，得益于商洛市政府成立课题组对全市文化旅游名镇及省、市重点镇的自然风貌、民情风俗、民居特色和历史遗存进行专题调研。时任市政府副市长、课题组组长徐明非同志在和大家一起调研中，被一个个凝聚着历史传承，浸染着文化特色，融合着山水生态自然一体的村落民居小镇建筑所吸引，遂安排我们注意挖掘整理。这样，这本集锦的第一手资料就伴随着调研的展开而逐步积累。第一手资料取得后，我们又在调查研究的基础上，通过对每个村落小镇成长发展的自然地理环境、人文聚居因素、山水村落的尺寸安排关系和建筑物的风貌特点及其所蕴含的建筑语言等，逐一进行综合比对分析，提出保护性建议。集锦编辑完成后，徐市长又推敲为这本集锦取了书名。

可以说，这本集锦是这次调研的成果之一。全书集中荟萃了七县（区）40个特色村落小镇和一些具有历史文化价值古代建筑基本情况和照片资料。透过集锦，可以使人们对商洛特色村落小镇的整体风貌有一个较为全面的了解，在穿越历史和现实中打开思绪的空间，引发人们对如何保护历史文化名镇的思考，在一定程度上，会对全市镇域总体规划修改和控制性详规、修建性详规编制工作的科学性、特色性和操作性，发挥有益的作用。

商洛，因境内有商山、洛水而得名。有亘古千年的文化积荫，历来是古都长安的战略屏障，陕西东南的重要门户。商洛，地处暖温带和北亚热带，横跨长江、黄河两大流域，自然条件和地理环境独特，赋予了商洛特殊的气候特点和良好的生态环境。商洛，历史悠久，自华夏文明起源伊始，这块热土上就有古人类活动的足迹。1997年发现的洛南盆地古人类遗址群出土的旧石器时代人类制造的石制工具十万余件，被列为"1997年中国十大考古发现"之一。丹江流域又是楚人早期创业建国的发祥地。春秋战国之际，秦、楚两个最强盛的政治实体，通过商於古道通婚结盟、外交往来和相互进行战争讨伐。秦始皇、汉高祖刘邦都曾从这条道路上经过，商鞅、张仪、楚怀王、王翦、周亚夫等在这儿都有过精彩或者悲怆的历史表演。大唐时商山道又成为诗歌创作非常密集的文学走廊。明末商洛山的广阔地域又是李自成、张献忠等领导的农民起义军与明王朝周旋、抗争的游击根据地。商洛，还是一块红色的土地，先后有共产党领导的多支红军队伍转战在商山洛水之间，商洛穷苦农民有4000多人相继参加红军。商洛，是一个土石山区，全部地处大秦岭腹地，诗人贾岛诗云："一山未了一山迎，百里都无半里平。宜是老禅遥指处，只堪图画不堪行"，这是对商洛恰切而逼真描绘。历史上，商洛又是一个移民社会，历朝历代都有所记载。这样独特的历史人文、地理资源秉赋，无不刻印在散落的民居建筑之中，飘逸在一个个小镇的阡陌巷道之上。回顾这些，可以帮助读者从一幅幅集锦中，去理解这里的江南水乡建筑风格、徽派特色和本籍土著居民建筑的简约、朴实和实用，去寻找那逝去的秦风楚韵，感悟那历史的沧桑变迁，呼吸那浓郁的文化革延与气息。

推进城镇化与建设新农村，是全面建设小康社会的重大任务，不论是城市，还是乡村，不是钢筋水泥的简单堆砌，更不是社会资源的机械组合，而是一个有机而复杂的"生命系统"，有它吐纳呼吸的韵律、脉搏起伏的节奏和机体运行的规律。习近平总书记关于以人为中心的城镇建设理念，要求小城镇规划建设要"望得见山，看得见水，记得住乡愁"，一系列体现规律性的思想，为我们规划、建设、管理城市和乡村指明了方向。商洛市在城镇建设中提出了"循环发展引领，核心板块支撑，产业长廊带动，快速干道连接，优美小镇点缀，田园农业衬托，特色文化彰显"思路和"秦岭休闲之都、关天产业新城"的城市定位，城乡建设广度、力度将会越来越大。愿这本集锦能够对商洛城乡规划建设有所裨益。

这本集锦，凝聚着商洛市建筑勘察设计院全体同志辛勤的汗水，足迹遍布了全市7个县区，跋涉数千里，在编辑中也凝聚着集体的智慧。但由于我们眼界的局限、水平的局限，与领导的要求，与我们的初衷，与大家的期望都有很大差距，真诚地盼望大家多提宝贵的意见和建议，也对我们的不足给予谅解。

商洛市建筑勘察设计院院长 杨建军

2016年6月

寻找记忆中的村落
商洛市特色村落小镇集锦

洛南县

- 088 · 巡检镇巡检街村
- 102 · 石坡镇李河村鞑子梁
- 108 · 柏峪寺镇柏峪寺街村
- 112 · 高耀镇西塬村
- 116 · 寺耳镇西庄村
- 122 · 寺耳镇柴湾村

山阳县

- 130 · 漫川关镇
- 137 · 高坝店镇街道村
- 142 · 山阳县城丰阳塔
- 150 · 色河铺镇陆湾村
- 156 · 中村镇洪河寺村
- 162 · 成家老宅——花房子

镇安县

- 226 · 云盖寺镇
- 232 · 杨泗镇桂林村
- 236 · 茅坪回族镇茅坪村
- 239 · 柴坪镇文家庙村

目录

- vi · 序
- viii · 前言

商州区

- 002 · 城区大云寺
- 008 · 腰市镇上集村
- 016 · 北宽坪镇东沟村
- 021 · 北宽坪镇刘塬村
- 025 · 黑龙口镇梁坪村
- 032 · 杨峪河镇下赵塬村
- 035 · 商州区巴人洞
- 039 · 商洛市烈士陵园入口牌楼
- 041 · 附录 商州记忆

丹凤县

- 048 · 棣花镇棣花、贾塬、西街村
- 058 · 龙驹寨镇
- 069 · 商镇
- 074 · 竹林关镇
- 080 · 寺坪镇龙门村

商南县

- 168 · 金丝峡镇太子坪村
- 176 · 十里坪镇核桃坪村
- 180 · 富水镇王家楼村
- 184 · 城关镇任家沟村

柞水县

- 192 · 凤凰镇凤凰街村
- 204 · 石瓮镇东甘沟村
- 210 · 红岩寺镇红岩寺街
- 214 · 营盘镇营镇村
- 218 · 营盘镇朱家湾村
- 222 · 瓦房口镇

商州区

城区大云寺

腰市镇上集村

北宽坪镇东沟村

北宽坪镇刘塬村

黑龙口镇梁坪村

杨峪河镇下赵塬村

商州区巴人洞

商洛市烈士陵园入口牌楼

附录　商州记忆

牧户关镇
腰市镇上集村
黑龙口镇梁坪村
北宽坪镇东沟村 / 北宽坪镇刘塬村
杨峪河镇下赵塬村
城区大云寺 \ 商洛市烈士陵园入口牌楼
商州区巴人洞

商州区　001

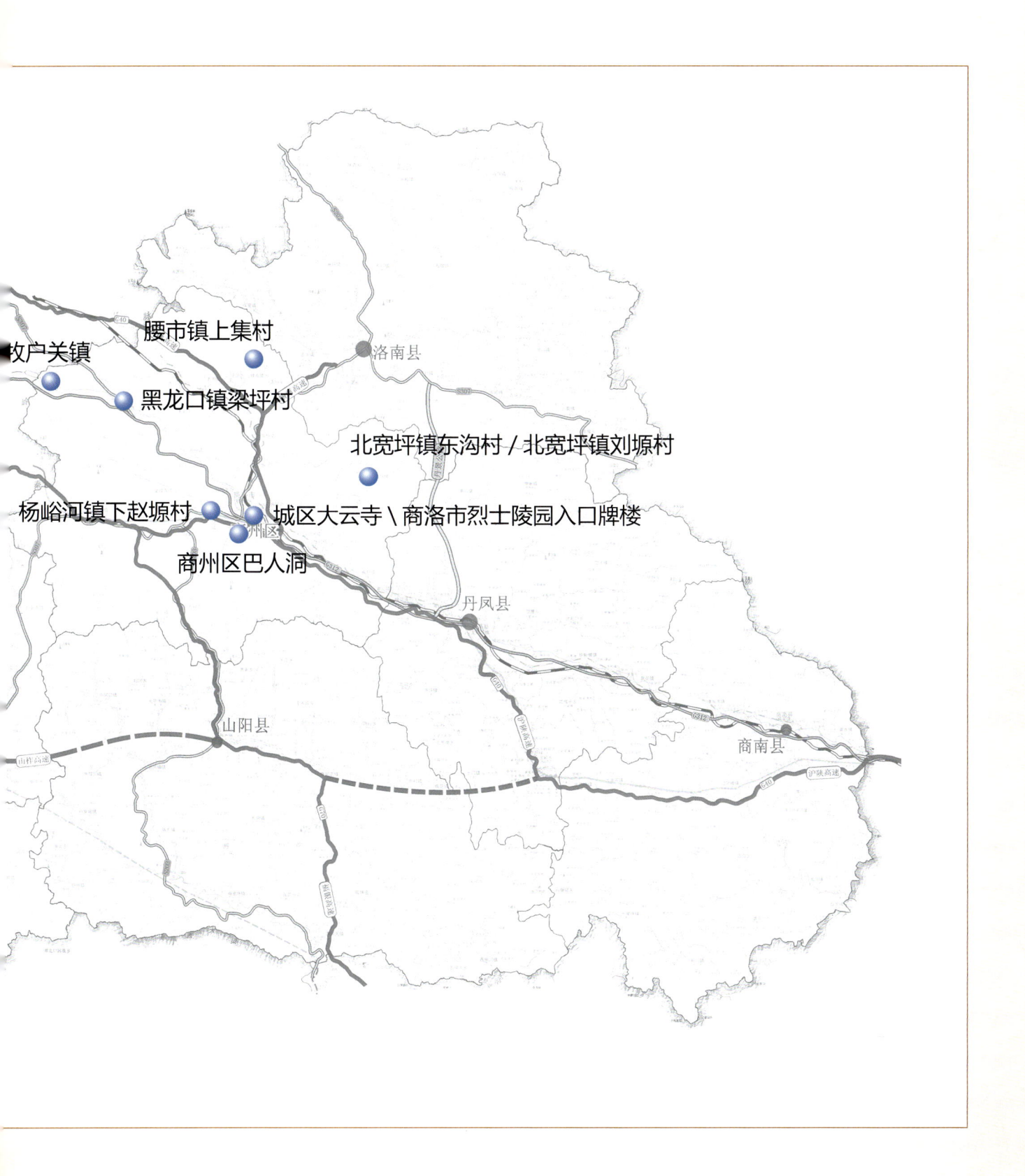

城区大云寺

特征：武周天授年间（690–692年）奉制颁而建，寺藏《大云经》一部，"盛言神皇受命一事"。

基本概况

该寺坐落于商洛市商州区工农路中段。初建时据说规模相当浩大，占地面积约50000平方米，寺分南北两院，北院在城北金凤山上，南院前临丹江，中有暗道相通，僧侣出入可不受城垣相隔。中宗李显恢复李唐后，尽毁天下大云寺，商州大云寺改名为"西岩院"因而得以保存。唐开元十八年（730年）陪戎副尉、守武关戎主、上柱国开国公孙阎敬珣，并新任守武关戎主、上柱国萧元昶，曾造石佛一尊藏于寺内。元代至正年间（1341-1368年）更为今名。明万历年间，上寺毁于大火。清顺治八年，抚治商洛道许宸在上寺遗址新建启秀阁，使其成为商州士子读书之处，"秀阁书声"遂被列入"商州十观"之一。可惜后来仍毁于兵燹。民国时，下寺时常被过往军队占据，壁画、石器等多遭破坏。

大云寺现存面积9175平方米，沿中轴线从南至北依次排列着四座佛殿，总建筑面积774平方米。建筑呈元末明初建造风格。大云寺的造像、绘画以及法事活动，既有大乘教的义理，也有小乘教的义理；既包含有《大云经》《宝雨经》关于"弥勒下凡生作女王"的内容，也包含唯诀宗、华严宗、禅宗的基本思想。

它是全国现存的三个大云寺中，唯一的一座省级重点文物保护单位。

展厅

大云寺院现存三进院落，沿中轴线依次布置天王殿、大雄宝殿、大士殿、禅房四座主要建筑，风格多为元末明初风格。

大云寺布局

大云寺布局

建筑特色

　　大云寺大雄宝殿是大云寺现存四殿中建筑面积最大的殿堂，习称正殿，是供奉佛祖释迦牟尼的地方。在其檐口内外斗拱之间，绘制有 40 幅佛祖门徒弟子画像，造型或清秀或丰腴或坦腹或男相女身，风格不尽一致。有人以为该画像为唐代工匠手笔，元以后有多次补绘痕迹。

大雄宝殿（左、右、下图）

大雄宝殿门前的石狮

大士殿

大士殿

大云寺于元代至正年间恢复为今名，并予以复修后，规模宏敞壮观。明时天津副使胡文壁曾到此游览，留有《游大云寺》诗一首，诗云：

  迂僻那堪与俗偕，圣明乃许落闲阶。
  图南自笑群鹡鸰，投北犹胜食虎豺。
  行历悬岩经险路，坐消炎暑仗高斋。
  上人欲借谈终夕，又得穷途一畅怀。

清顺治十八年（1661年）建新寺于城中西门内，气象更新，民间俗称"下寺"。光绪三年（1877年）知州李素捐廉募捐，大事增修，未竣去任。至光绪二十六年（1900年）继任焦云龙乃继续修成之。

大云寺总体布局是一座四合院式的高宇建筑群体，三座大殿坐北向南，以山门内轴对称展开。佛殿屋面经过维修改建，多已失去原貌，唯梁架依旧。如今，武则天制颁两京诸州修建的大云寺绝大部分焚毁倾圮，商州大云寺保留于今乃是地方一幸。它不仅弘扬了佛教文化的悠久历史，也再现了武则天利用宗教文化改朝称制的历史遗迹，从而引起了世人的特别关注。

大雄宝殿

保护建议

（1）尽快申请成为国家文物保护单位。

（2）加强资源开发力度，充分利用当地的风俗传统，为古寺庙添加一些更传统，更淳朴的特色陈设。

（3）有针对性地对寺庙周围的环境、相关服务行业，如卫生状况、车辆停放、公共设施、小卖部、饮食部门等做出必要的整顿、清理，使之更完善。

（4）个别殿内出现一些铁、铝制作的栏杆、相框等，与整体建筑风格不相协调，应尽可能复古，增加古典建筑，并扩大绿化程度，使环境更加优美。

（5）有关部门加大管理和宣传力度，提高其知名度，形成一系列的旅游路线。

入口处门楼

天王殿

腰市镇上集村

基本概况

村落处于腰市镇街道上方,形成有百货、药材、土产、木材等交易小集市,故称"上集"。

该村因明末清初所建的郭氏祠堂而闻名。祠堂占地面积1600平方米,建筑面积近600平方米,其中,过厅、前厅、正堂各三间,厢房四间,戏楼三间,共计房屋十六间。

郭氏祠堂是唐肃宗时汾阳郡王郭子仪第十八世孙郭秀,于明洪武年间由河南阌乡县西莲村迁徙商州定居之后,后代族人陆续建造而成,为郭氏宗族供奉并祭祀祖先的处所。

特征:历史悠远的民居老宅院。

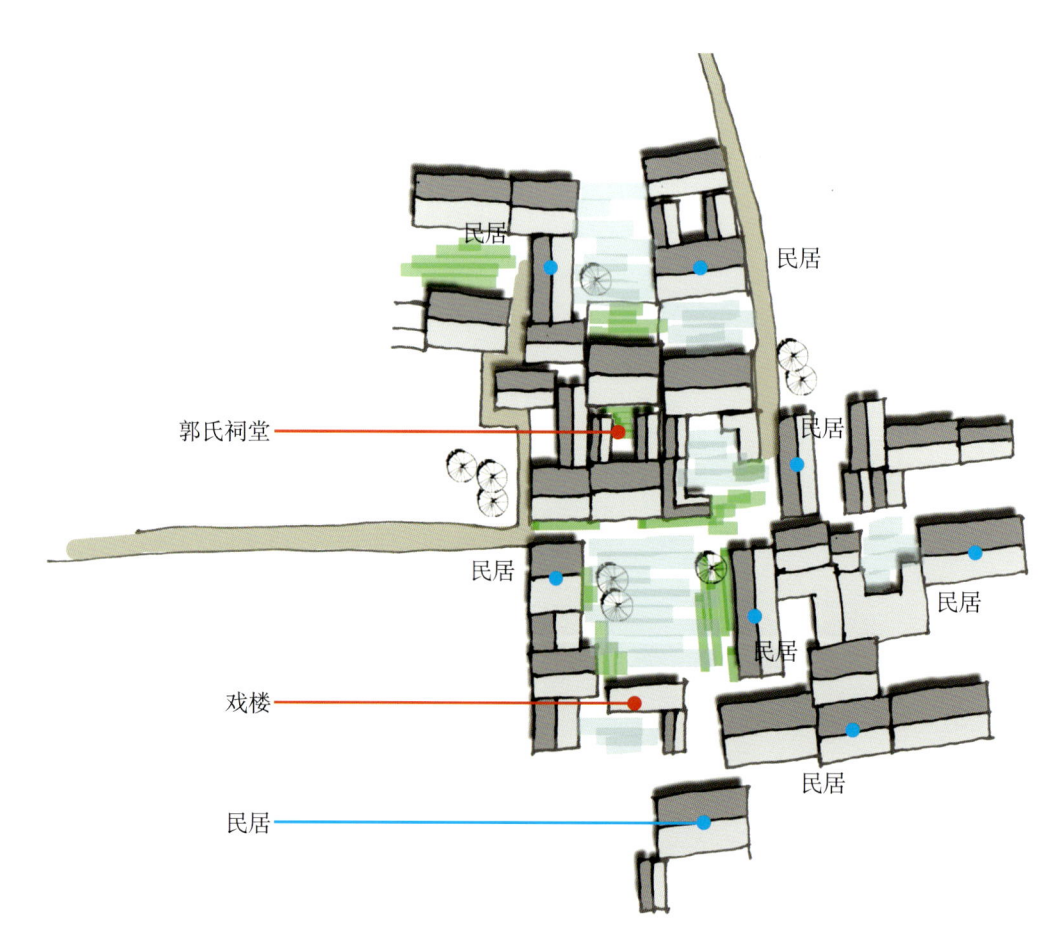

院落布局图

传统的四合院布局

腰市镇上集村布局图

商州区 009

郭氏祠堂

院落内部

寻找记忆中的村落

商洛市特色村落小镇集锦

010

建筑特色

整体建筑的墙壁、梁架、檐枋、檐板内外，均保留有大量的壁画、绘画、书法及题记，弥足珍贵。其中前厅西山墙上的壁画，表现其先祖郭子仪在安禄山叛乱时，在河北击败史思明；肃宗时配合回纥收复长安、洛阳；代宗时仆固叛变，纠合回纥、吐蕃攻唐，他说服回纥与唐联兵，以拒吐蕃的功绩故事，人物、线条、勾勒笔画，现在依然清晰可辨。画面长2.5米，宽6米，是郭氏家族修于咸丰年间的《郭氏家谱》而外的又一家族瑰宝。其余绘画近300幅，书法、题记30余幅。绘画形式有水墨、堆彩、描金等。绘画内容涉及农耕牧养、蚕桑渔猎、生活宴饮、八仙、仕女、山水、花鸟、狮兽等，是商洛境内现存古代建筑中，保存较为完整，存量较多，又极富文化价值的古建彩绘艺术作品。

建国初期修建的戏楼

戏楼与主体建筑南北之间为千余平方米的大院

围绕在祠堂周围的八家院落

保护建议

由于老宅年久失修，历史遗留的老宅也破坏严重，目前要加强的是对这些现有的历史文化遗迹及周边环境的保护和修复，各历史文化遗迹可结合社区建设和文化设施建设，进行适当的功能安排。

屋檐

圆形的门洞具有园林式的设计手法（上、下图）

建筑局部细节图（上、下左、下右图）

北宽坪镇东沟村

特征：具有乡村生活气息的淳朴民居。

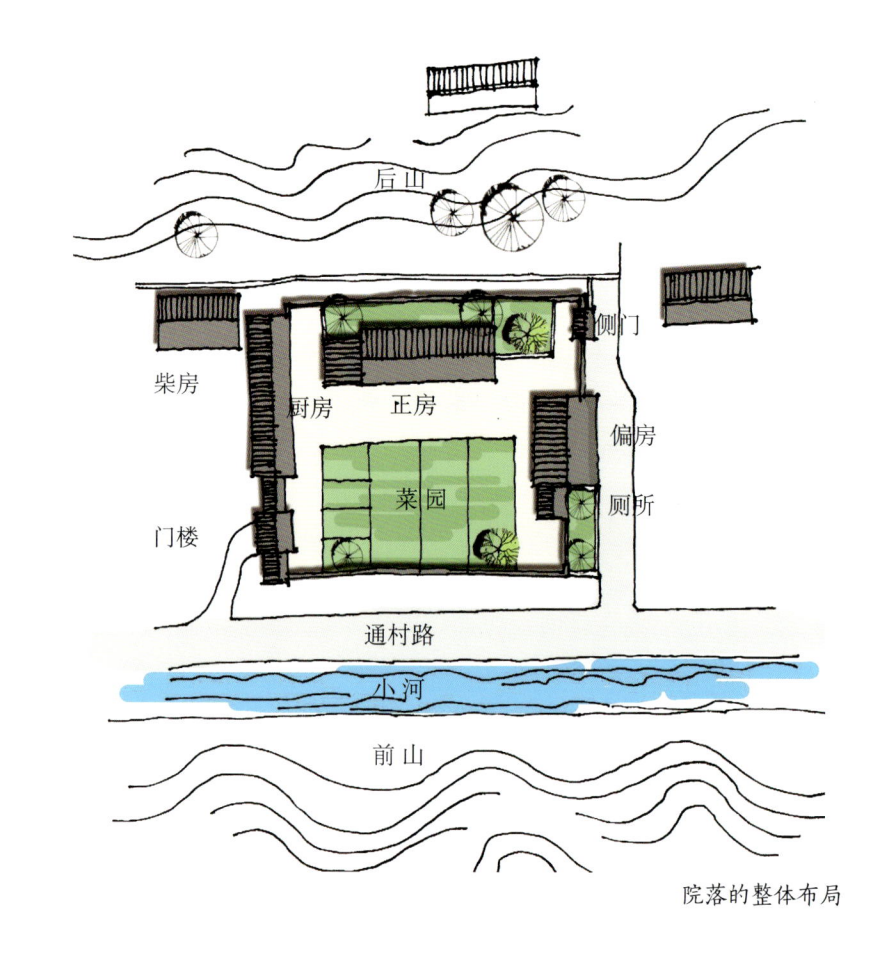

院落的整体布局

院落外景

基本概况

东沟村农家民居，建于二十世纪六七十年代，墙体是由麦秸、稻草铡切成一定长度和黄土拌在一起，由人工加木板打筑墙体，木制屋架或柁檩为屋盖结构的房屋，即称为土坯房。土坯房也是要用砖的，只是用砖量的大小不同而已。由砖砌体支撑屋盖体系的，俗称为"硬山搁檩"，用砖量较大。由木柱支撑屋盖体系的，可以不用砖。无论采取哪种办法，在窗台以下部分和墙角处一般都要用砖或石块砌体的，这对于房屋下部墙体免遭雨水和地下水侵蚀和墙的整体性是有利的。冬暖夏凉，居住较舒适，称为干打垒的办法，有的地方称为板打墙，现已不多见。

精致的门楼　　　　　　　　　　　　屋外景象

居民院落

建筑特色

该院落居于前、后山之间，依北高南低的地势而建，建筑风格与鄂北、川北民居相近。院前有小河经流，院内建筑分为正房、东西偏房，柴房和其他功能的房屋皆在院落之外。院落正门位于西偏房南侧。侧门位于正房与东偏房之间，为实用而开设，出侧门即有小路通往后山。整个院落建筑的基础皆用当地石块垒筑，墙体上部为土坯建造，下部为石块，以防止雨水侵蚀墙体。院落整体建筑原粉饰白灰，与周边满山翠绿相映十分素雅。院落的门楼整体为砖砌，门洞上部发券，形态别致。门楼屋脊起翘轻盈有力，雕饰灵巧细腻，极具艺术价值。

民居院落

墀头砖雕　　　　　　　　　　　　厕所和柴房

门楼装饰简单纯朴

商州区　019

宽敞的院子用来做菜园

保护建议

（1）由镇政府审定公布并实施挂牌保护；由文物、规划、城建部门登记造册，并提出相关保护要求；划出一定的民居环境保护区域，在此区域内，未经文物、规划、城建部门同意不得随意拆除、改建、添建。

（2）制定保护维修规划，落实专项保护维修资金，分批对此处传统民居进行一次全面加固。对风格不协调的红砖墙面应予以更换处理。

（3）后期宜将房产收为国有，在此基础上，利用国家专项资金或社会资金对民居进行逐步修缮和完善，进而实施对外开放等利用工作。

（4）对登记在册的传统民居进行建档管理，收集其建造的时代背景、宅院主人等相关历史资料及历史照片等，对宅院的现状进行实测、拍照。

北宽坪镇刘塬村

基本概况

该四合院位于北宽坪镇刘塬村，始建于清末，原为一刘姓乡绅祠堂。因族人迁往山外，无人修缮倒塌。民国初，乡人在原基就地取材，用土建起，坐西向东，土木结构正房四间，厢房三间，并围起院墙。四合院整体保存完整，局部有一定程度的损坏。院落分为两进门。建筑主体虽为土坯结构，但门窗、屋檐、屋脊等构建造型丰富精致。

解放战争时，"中原突围"后来到商洛的李先念同志，曾在此疗伤数日。

> **特征**：寄寓红色印象的精致四合院。

隐藏在山林里的院落

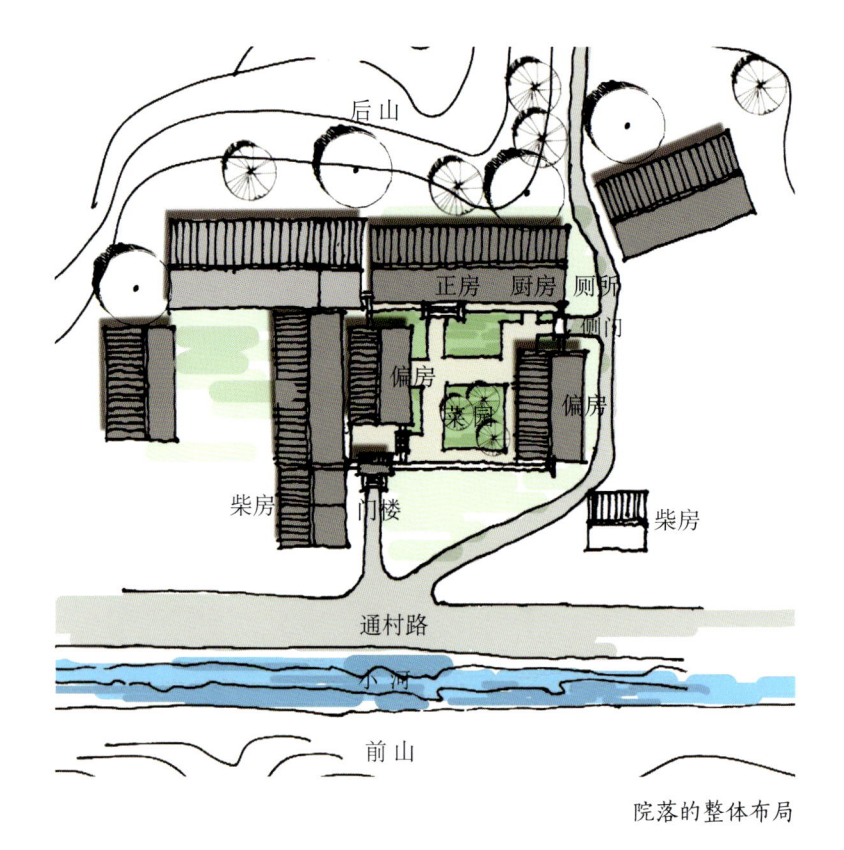

院落的整体布局

精致的门楼　　　　　　　　院落内部

寻找记忆中的村落
商洛市特色村落小镇集锦

精致的门楼和庭院

院落鸟瞰

保护建议

（1）由镇政府审定公布并实施挂牌保护；由文物、规划、城建部门登记造册，并提出相关保护要求；划出一定的民居环境保护区域，在此区域内，未经文物、规划、城建部门同意不得随意拆除、改建、添建。

（2）制定保护维修规划，落实专项保护维修资金，分批对此处传统民居进行一次全面保护维修。对已改建的部分，恢复原貌，添建部分予以拆除。

（3）将房产收为国有，在此基础上，利用国家专项资金或社会资金对民居进行逐步修缮和完善，进而实施对外开放等利用工作。

（4）对民居进行建档管理，收集其建造的时代背景、宅院主人等相关历史资料及历史照片等，对宅院的现状进行实测、拍照。

黑龙口镇梁坪村

基本概况

黑龙口镇梁坪村地处秦岭深山丹江源头，闵家河流域中上游，距离商州区人民政府驻地32.5公里，是商州区新农村建设示范村。丹江就发源于该村所在的凤凰山南麓。自春秋战国以后，黑龙口一直是古长安通往河南、湖北及东南各地的商於古道上的关口要隘。

该村山川秀丽，风景宜人，全村共计710人，180余户，皆是客家人后裔。大部分于清康熙初年，由广东和湖北迁入此地。他们至今还保留着客家人的方音方言和风俗习惯，所以梁坪村也被称为"丹江源头梁坪客家山寨"。

特征：丹江源头第一村。

路边的农家小院

村庄布局

闵家河流域地势西北高东南低,高差悬殊,平均海拔900米,村庄沿河带状组团布局,由王家沟、菜籽沟、水井沟等几部分构成。民居三五成群分布,依山傍水,有自己的院落和菜地农田。整个村庄环境较为整洁,环境优美。

白墙黑瓦、小桥流水的典型民居

酿酒坊

建筑特色

沿着穿村而过的闵家河逆流而上，一河两岸零散地布局着一些白墙砖瓦的民居。建筑现状多为土坯结构，也有部分为砖混结构。院落的组织形式能够很协调地与当地的山地条件、自然环境融为一体，错落有致，色调纯净又不失风格上的简约、雅致。民居采用的材质，如石头、木材、土坯、砖瓦、石灰等，质地趋同性强，整合之后所体现出来的民居风格更能表现中国农民质朴厚重爽朗的性格和追求安居乐业的精神需求。

对于民居周围配景色调的选择，梁坪人虽似无心着意为之，但房前屋后的柿树，檐前悬挂的玉米、辣椒、蒜瓣，坡岗河边丛笼的绿树，供人行走的小桥，为白墙砖瓦增色不少，平添了许多温馨和静谧。从而构成了极具商洛特色的乡村民居院落的建筑风格。

小桥流水人家

梁坪，秦岭大山中的一个小山村，村子有1.2万多亩林区，蕴涵出多条涓涓细流，在村头汇集成一股小溪流向丹江，所以，梁坪又被称作丹江源头第一村。清晨的梁坪村人迹稀少，却有一丝静谧的别样滋味。站在路旁，看疏淡烟火、小桥流水，不免沉浸在这一片宁静之中。古朴的木桥，其时虽不明媚却感温馨，用材也不华丽却觉妥帖，不禁让人陶醉在这里，久久不愿离开。这里气候宜人，四季分明。负氧离子更是远超西安等各周边城市，十分适合养生休闲。一年四季，无论哪个季节，都可以领略这里的独特风景。春季可观赏桃花、梨花，夏季可品尝各种无公害水果，秋季满山各种农产品丰收，热闹非凡。冬季则白雪皑皑，又别具一番风味。

2012年，市建筑勘察设计院受镇政府委托编制《秦岭农耕民俗风情园旅游发展总体策划》，确定了梁坪村的发展定位为：依托丹江源头自然风光和客家人集聚地两大优势，优化资源配置，挖掘客家文化内涵，着力打造一个集休闲、度假和农业观光为一体的原生态旅游胜地。

具有乡村气息的闫家河

文脉传承

梁坪山居文化实质上是丹江源头文化,传统农耕文明和客家特色文化的集中展现。丹江源头文化的特色是"秦风楚韵",农耕文明强调的是"天人合一",而客家特色文化注重的则是尊天崇地,尊师重教,联疏为亲,以上这些便构成了梁坪山居文化的主体。

木桥

保护建议

保护现有村落风貌，无须拆迁一栋民房，不要砍伐一棵树木，不改变道路的宽度和水渠的数量。对老村落进行严格的规划控制。将电力、电视、电信、宽带网和自来水、排污管道埋入地下，增加消防设施，减少火灾隐患，改善饮水质量，减少水源污染与视觉污染。

沿河边修建的休闲木屋

独具特色的屋脊

杨峪河镇下赵塬村

基本概况

　　杨峪河镇下赵塬村位于商州西南203省道2公里处，紧邻蓝商高速公路商洛西出口，距离城区6.9公里，距西安121.9公里，南秦河流经境内。全村辖11个村民小组，396户。是商州区新农村建设示范村，新村总占地108亩，规划庄基310户，现已建成并入住160户，生态移民安置点就处于新村规划中，移民搬迁人员全部纳入新村建设规划。

特征：新农村建设的典范。

村容村貌俯视

坡屋顶

整洁的街道

下赵塬民居

村庄布局

下赵塬村作为新农村建设示范村，村容村貌朴素整洁，充分展现商洛市农村新貌，实现人与环境和谐发展。脏乱差状况从根本上得到治理、人居环境明显改善。

下赵塬村建设按照规划设计进行统一施工，集中建房，均为四间两层坡屋顶建筑，砖混结构，统一模式，统一标准，统一要求。适当调配建筑高度，在山体周围与濒水地区有一定数量的绿色视线走廊，将山水景观引入村庄。高层建筑集中建设，统领村庄景观，使建筑与山水相互呼应。

建筑特色

杨峪河镇下赵塬村，吸取徽派建筑文化本质元素，结合现代建筑设计特点，并依据本村地理环境的独特优势，整体布局依山傍水，将整个村庄完全融汇于山水之间。建筑群体相互映衬，构筑出一种特定的氛围。在建筑设计中，适当扩大建筑设计的深度和广度，对建筑物的内部空间、建筑物占据的过渡空间、向公众开放的外部空间进行统一设计，充分吸取徽派建筑中庭院空间的处理手法。

保护建议

环境是城市的名片。作为新农村示范点，更要在环境卫生的处理能力上体现出新的时代特征。应及时开展村容村貌提升、环境改善等相关工作，加大投入力度，提升人居环境质量，使乡村面貌得到持续改善。

村容村貌俯视

商州区巴人洞

据了解，早在 1988 年陕西省进行文物普查时，商洛山岩上发现的神秘洞窟已达 600 多个。但当时仅只是普查，并未进行深层次调研。2005 年 11 月，经国家文物局批准，将商洛洞窟改为"商洛崖墓"的考古调查与研究课题升级为国家级科研项目。经过考古工作者十多年的田野调查，截至目前已发现崖墓点 712 处，崖墓 4232 座。其中：商州 1259 座，丹凤 205 座，洛南 325 座，山阳 409 座，镇安 489 座，柞水 1235 座，商南 8 座。这些洞窟主要集中在上述县区的沿河山坡上，河流以乾佑河、旬河、丹江、金钱河为主。这些洞窟，海拔较低的距地面（水面）10 多米，高的则在 50 米到 70 米。远远望去，密如蜂巢，蔚为壮观。

汉高祖刘邦建立大汉王朝后，曾迁巴蜀渠率七姓于商洛。东、西魏时丹江流域尚有巴人的活动，《北史》卷 31《高允附高昂传》即说，商洛"山道峻阻，巴寇守险"。据文献记载，一直到隋代巴人还保持着他们的传统习俗（见《隋书·地理志》豫州后序）。这些洞窟为巴人所开，故称"巴人洞"。

特征：特殊的洞穴居住群，洞窟数量国内首屈一指。

丹江沿线的山体随处可见巴人洞的踪迹

从目前掌握的资料看，在崖墓分布相对密集的区域，崖墓的打凿普遍比较精致，穴屋空间较大，形制也富于变化，而且题刻也发现较多。分布较为零散的区域，90%以上崖墓为单室，形制简单，打凿粗糙。这一现象的出现，除时代早晚的原因之外，当时的地质条件也是其中的一个重要原因。

商州沙河子、杨峪河、丹凤县棣花镇等地的一些洞窟，均面山临水，故每每进洞，须越过湍急的河流。专家推测，古时的河水流量、流速都应该比现在大，但当年的开凿，应是充分考虑了洞与河面的距离的。否则，洞本身位置险峻，再要越水难度就更大了。站在洞窟口，因站立面极窄，坡度极陡，稍不留神，便有坠落之虞。洞口一般只能容两人钻过，进入洞内，能明显感觉到里面温度较外面低，尤其在三伏天，洞内要比外面凉爽许多。

山崖上的巴人洞

通往巴人洞的陡壁

位于山顶的砖塔

根据目前对近百座崖墓的实地勘察，商洛崖墓基本可分为单室墓、双室墓、三室墓、多室墓、崖洞砖室墓和异形墓等六种形式。商南县富水王家庄崖墓形制还可分为以下四种：一为竖穴坑墓时代为西汉晚期；二为竖穴石坑砖室墓，时代为东汉中期以后；三为崖洞砖室墓，时代同二型；四为崖墓，时代为东汉早起偏晚。

巴人洞内部

商洛市烈士陵园入口牌楼

新中国成立后，为了安葬在商洛革命斗争中牺牲的先烈们，中共商洛地委于1953年决定在金凤山修建烈士陵园。陵园占地7000余平方米，其门楼为原商州文庙之棂星门，乃明清时之建筑物迁移于此。

棂星门是陕南独树一帜的古建精华，为四柱三楼的牌楼，上下二层。脊首覆有云冠，造型浑厚大方。左右二楼与上楼构成品字形。上下楼云冠，皆雕绘祥云。整个牌楼，构造繁复，斗拱钩心斗角，屋宇翘楚翼然。

> 特征：保存最完整的清代牌楼。

烈士陵园入口牌楼

牌楼正面

牌楼细部

保护建议

　　烈士陵园牌楼整体造型华丽，整体由四根正柱、八根辅柱支撑，由一个主楼两个次楼共三开间组成。主楼、次楼云冠雕绘祥云，斗拱皆为十三踩，角檐飞展，规格、造型在陕南古牌楼里独具特色。正面大匾上书有"烈士陵园"四个金色大字。建筑不仅整体尺度合宜，而且风格与烈士陵园环境相得益彰，增强了烈士陵园纪念性空间的庄严肃穆。

附录 商州记忆

商州城东城门，名曰"觐阳门"，"觐"，古义为诸侯秋朝天子之称，后演化为"晋见"的通称。"阳"表示太阳，太阳在古代称为"神"叫太阳神。"觐阳"就是每天早上太阳从东方升起时，州城的人民将怀着喜悦的心情，迎接太阳的到来。

右下图为旧时商县城关小学校门前的东背街街景，街东头为城关中学的风雨桥，街南的小高楼为衙门口的公安局后边监所的哨楼。今均不复存在。

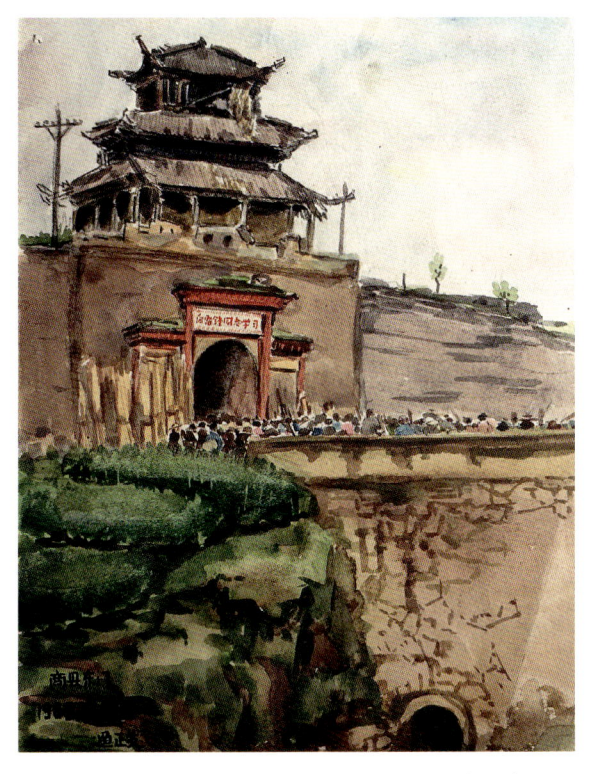

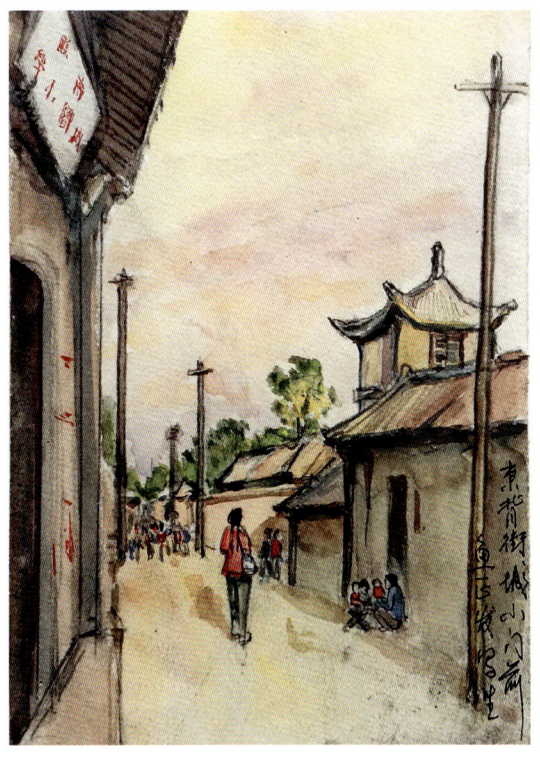

商州东门　　　　　　　　　　　东背街城小门前

商州城是原寒川佛诞公园下的孝义古城，距今已有851的历史。2013年，发现了一处遍地是清一色汉砖汉瓦，有城门城垣等大量文物的古城遗址，而后由于时代的变迁古代建筑均被拆除。幸而部分历史遗迹被记录在了鱼正发*老师的画笔下，有古时的城墙、东南西北各大门等。

*鱼正发，1935年生，陕西商洛人，国家一级退休教师。在商洛从事美术教育、书画创作50余年。他说十年前，商洛仅是一个小的县城，城内有人家，城区以外都是农田河滩。而现在的商洛已经飞速发展，城市的原貌如果不及时记录下来，就会被永远的遗忘，后人可能永远无法得知。于是他决定用手中的画笔把商州老城的原貌记录下来，尽量多留一些当时的景象。老商县的东、西、南、北四个老城门，都被鱼老真实地表现在他的画作里。特别是商中的变迁，更是他亲眼目睹，亲身经历的。从他的画作可以清晰地看到商县城这几年的变化。商洛市人大常委会副主任，党组副书记崔来隽先生曾评价鱼老：耄耋之年晒古董，五彩商县现旧宏。感念鱼公手中笔，恰是梦中童年景。

商雒专区盲聋哑学校旧貌

商州西城门印象

记忆中的商州南门外

　　商州西城门名曰："靖羌门"，靖羌寓含平定西北之意。东汉时，居住在西北的羌族人民，不满官吏和地方豪强的压榨和奴役，发动抗争，起义前后经历五六十年之久。解放战争中，国民党怕解放军攻城，就把东门、南门、北门关闭，并以沙袋封实，只留西城门可通行。

　　商州城南城门名曰："镇远门"，"镇"字取安定震慑之意，即愿长远的安定。城门外就是丹江，民国初年从武汉上来的船在南门口卸货，再把商州的土特产运往武汉。

高车岭

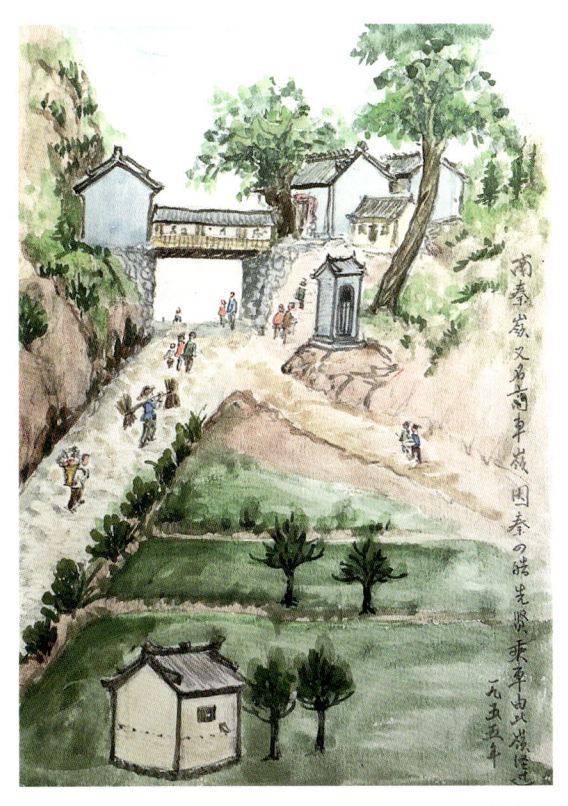

高车岭上四皓庙，位于今龟山公园彩虹桥上。西汉初吕雉为了保住自己的儿子刘盈的太子地位，便按照张良的主张，带上贵重礼品和高车驷马来到商山恭请四皓出山，到长安辅佐刘盈。刘盈做了皇帝（即汉惠帝）之后，即在当年迎接四皓的高车岭上修庙、立碑，以示对"四皓"的纪念。

谢塬公社戏楼
（谢塬公社的戏楼在动乱年代是公社张武干打人的刑场，曾把农民赵世英在这里打死）

城关小学雪景

商县中学与东城门

丹凤县

棣花镇棣花、贾塬、西街村

龙驹寨镇

商镇

竹林关镇

寺坪镇龙门村

洛南县

商镇
棣花镇棣花、贾
塬、西街村

丹凤县
龙驹寨镇

寺坪镇龙门村

山阳县

竹林关镇

商南县

丹凤县　047

棣花镇棣花、贾塬、西街村

基本概况

棣花镇位于丹凤县西北部,丹江沿岸。东与商镇为邻,西与商州区孝义镇毗连,南近商镇之大峪,北与留仙坪接壤。312国道、沪陕高速、西合铁路穿境而过,镇政府驻棣花村,距县城15公里,有丹凤西大门之称。

特征:保留完整的历史名镇。

鸟瞰图

丹江自西北向东南横贯棣花镇达 10 公里之长，成圆弧形环抱着棣花镇的西街、棣花、贾塬三村。棣花镇总面积 78 平方公里，耕地总资源 18486 亩，常用耕地 9475 亩，全镇辖 16 个行政村，117 个村民小组，5931 户，20488 人。

棣花镇宋金街

民居布局图

村镇布局

棣花镇的棣花、贾塬、西街三个行政村的传统民居，从平面布局上看，基本分为 3 种类型："一"字型开放式院落；"L"型围合式院落；三合院式院落。开放式院落以周边街巷为界限，不设围墙；围合式院落和三合院式院落以围墙围合，多将大门设置于院落东南角或朝向于东南角。院落房一般为三间或者四间，坐北朝南，堂屋居中，体现了中国民间素有的"紫气东来"和尊卑有序的居住理念及建筑格局。整个村落山环水绕，布局灵活生动。传统建筑群落镶嵌于青山、绿水和茂林之间，具有显著的地域特色，这在陕南地区较为罕见。

建筑特色

二郎庙是棣花镇贾塬村东街一处重要的金代历史建筑，其修建于金大安三年（1211年），建筑采用歇山屋顶，上覆五色琉璃瓦，正脊上装饰"鱼龙变化"图案，正中有二龙戏珠和昙花的浮雕，形态独特。大殿面阔10米，进深8米。斗拱用材硕大，造型具有明显的金代建筑特征。建筑下部台基全为石材砌筑，高1米有余，凿制工艺细致。此建筑在1992年被列入省级文物保护单位，并被《全国名胜词典》收录。

二郎庙东侧有关帝庙，其规模形制、建筑韵味，酷似二郎庙，唯拱斗改为象鼻子形。远望两座建筑，宛如一对孪生姐妹并排玉立。现共存面积3663.63平方米。

二郎庙

二郎庙大门

"L"型围合式院落

法性寺，唐初建，原址在丹江南岸，后被水冲毁，遂迁建于棣花街北，在清康熙四十九年（1710年）十月，由僧人宝禄主持。现存大殿三间，面宽10米，进深7米。屋顶为悬山式，檐下有斗拱排列。琉璃屋脊高达1米，图案精巧，飞霞流彩。屋面全覆琉璃瓦，富丽焕然。1987年7月公布为县级文物保护单位。

屋檐细部

法性寺

钟楼

棣花钟楼是1969年为落实毛泽东主席"深挖洞、广积粮、不称霸"的指示而修建的,其钟来自法性寺。该钟铸造于明成化二年(公元1466年)二月,铁质,高1.6米,钟口直径1米。钟楼高三层近20米,砖石木结构,原有云梯直达楼顶,由于年久失修,木架结构已溃。

钟楼

"清风街",是著名作家贾平凹长篇小说《秦腔》中所写的一条古老街道的名称。小说通过这条街道近二十年的历史演变和街上芸芸众生的悲欢离合、生老病死的故事,生动地表现了当代中国社会的历史转型给农村带来的波动和变化。棣花街,即是"清风街"的原型。

棣花驿是盛唐时商於古道上的一个重要宿站之一。白居易写于商州道上的十首诗中,即有《棣华驿见杨八题梦兄弟诗》和《赴杭州重宿棣花驿见杨八旧诗感题一绝》二首,可见其历史文化之悠久和深厚。

清风街

清风街规划效果图

戏楼

魁星楼

保护建议

在保护时，应突出棣花独具的文化特点，注意保护村落整体风貌，不仅应该保护古村落传统建筑及空间环境特色，还应保护其周边的自然生态环境。

棣花民居

棣花民居

游客服务中心

龙驹寨镇

特征：保留完整的历史名镇。

基本概况

龙驹寨镇，丹凤县人民政府所在地，是全县政治、经济、文化的中心。西距西安170公里，交通便捷。

历史上因其地"水走襄汉，陆入关辅"，所以明、清之际龙驹寨成为中国西北地区著名的水旱码头和南北货物重要的集散地。其时，龙驹一镇，康衢数里，店廛络绎，巨室千家，鸡鸣多未寝之人，午夜有可求之市，是明代中叶东南资本主义萌芽通过汉水、丹江辐射西北的首先浸淫之区。

商贾云集，贸易繁忙，亦使南北的商业会馆一时皆麇集于此。计有：盐帮会馆、青器帮会馆、西路马帮会馆、北路马帮会馆、商於帮会馆、楚黄帮会馆、豫西帮会馆、关陕帮会馆、临晋帮会馆、布帛帮会馆、铜匠帮会馆等。明万（历）（天）启中大水忽没月日潭巨石，丹江水上运输从此畅通，是江上百艇联樯，襄汉来货骤增，但至清嘉庆初年，长年在江上奔波辛劳的船帮仍无自己的会馆。五百多名船公遂暗中商议，从每件货物佣金中抽出三个铜钱，集中筹集资金，终于集腋成裘，在嘉庆二十年（1815年）建成了至今遐迩闻名的船帮会馆。因为其建造侈丽豪华，工艺精美，当地人俗称为"花庙"，其实它并不是什么寺庙，而是船公们平素议事、歇宿和饮食娱乐之所。

由于历代藩守诸贤坚持实行恤商惠旅、佃分猎取的商业政策，从而使龙驹寨的榷税收入日渐上升。故其时，在上者支度有余，在下者供应不苦。清光绪年间仅厘金一税，收入竟达到15万两之多，位居全陕之冠。

船帮会馆入口门楼

古镇布局

四面青山一江水，古镇处于群山怀抱之中。丹江水自西北向东南穿流而过，古镇顺应地势展开，街道弯曲绵长，浩称"十里长街"，皆为明清时建筑。

龙驹寨镇鸟瞰图

老街

寻找记忆中的村落
商洛市特色村落小镇集锦

　　龙驹寨镇四周皆山，丹江自西北向东南穿镇而过。因为要适应水运、陆运的交通需求，促使龙驹寨镇的空间沿丹江"一"字展开。街面两侧建筑皆为商铺，保留了大量明清建筑。

龙驹寨水旱码头盛景图

历史上南北货物多集散于此,所以整个街道生意十分忙碌,建筑装饰也很豪华。清康熙时修纂的《商州志》记载龙驹寨当时景象说:"康衢数里,巨室千家,鸡鸣多未寝之人,午夜有可求之市。是以百艇联樯,千蹄接踵,熙熙攘攘。"

建筑特色

花戏楼，目前全国仅存两座，一座在安徽，另一座则在龙驹寨镇。已被列入《全国名胜词典》。该建筑具有南北建筑交融的特点，具有南秀北雄的美誉。整个戏楼坐北朝南，面阔 36 米，进深 11 米。整体为砖木结构，建筑上雕刻内容丰富，涵盖山川楼阁、车马鸟兽、花木人物等。其中大舜耕田、夏禹治水、牛角挂书、文王访贤、映雪夜读、赤壁夜游等人物雕像尤其精彩绝伦。除此之外，还有二龙戏珠、凤凰展翅等图案，花纹缤纷夺目。楼上悬刻有"秦镜楼"三字匾额，典出《西京杂记》："秦始皇有方镜，照人灼见心胆"。匾额下有"和声鸣盛"四个大字牌匾，两侧有对联状文字，但因风雨侵蚀已无法辨认。

乐楼

建筑细部

丹凤县 063

明王宫

　　明王宫，位于龙驹寨镇西南，丹江北岸。一名"平浪宫"。因为建筑风格富丽奇伟，因而民间又俗称其为"花庙"。其建筑规模、形制、构造等为商洛诸庙所无。清嘉庆二十年（1815年）由船帮集资修建，名为船帮会馆。相传会馆内早先供奉汉水水神，以保船帮行船安全，故又称为平浪宫。主要供船工众人议事、休息、娱乐之用。目前只存"花戏楼"和明王大殿各一座，南北对峙，竞相争辉。

　　明王宫建筑概由江南工匠设计施工建造，建筑材料也全由汉口采购装船运来，故其建筑风格兼具南北，有"南秀北雄"之说。石工、木工雕刻之精致尤其异常，特经八年之久始克竣工。民国商县志稿赞其建筑"诚吾商洛建筑工程之巨观也，洵不妄矣"。可惜民国时兵匪迭遭，破坏不堪。柱石上雕刻之各种动物无一存者，木刻之人物亦多被人拆卸，殊属可惜。土匪李长有大劫之后，庙宇仅存大殿，其偏之西阳宫，亦被李匪焚毁。

正殿建筑细部

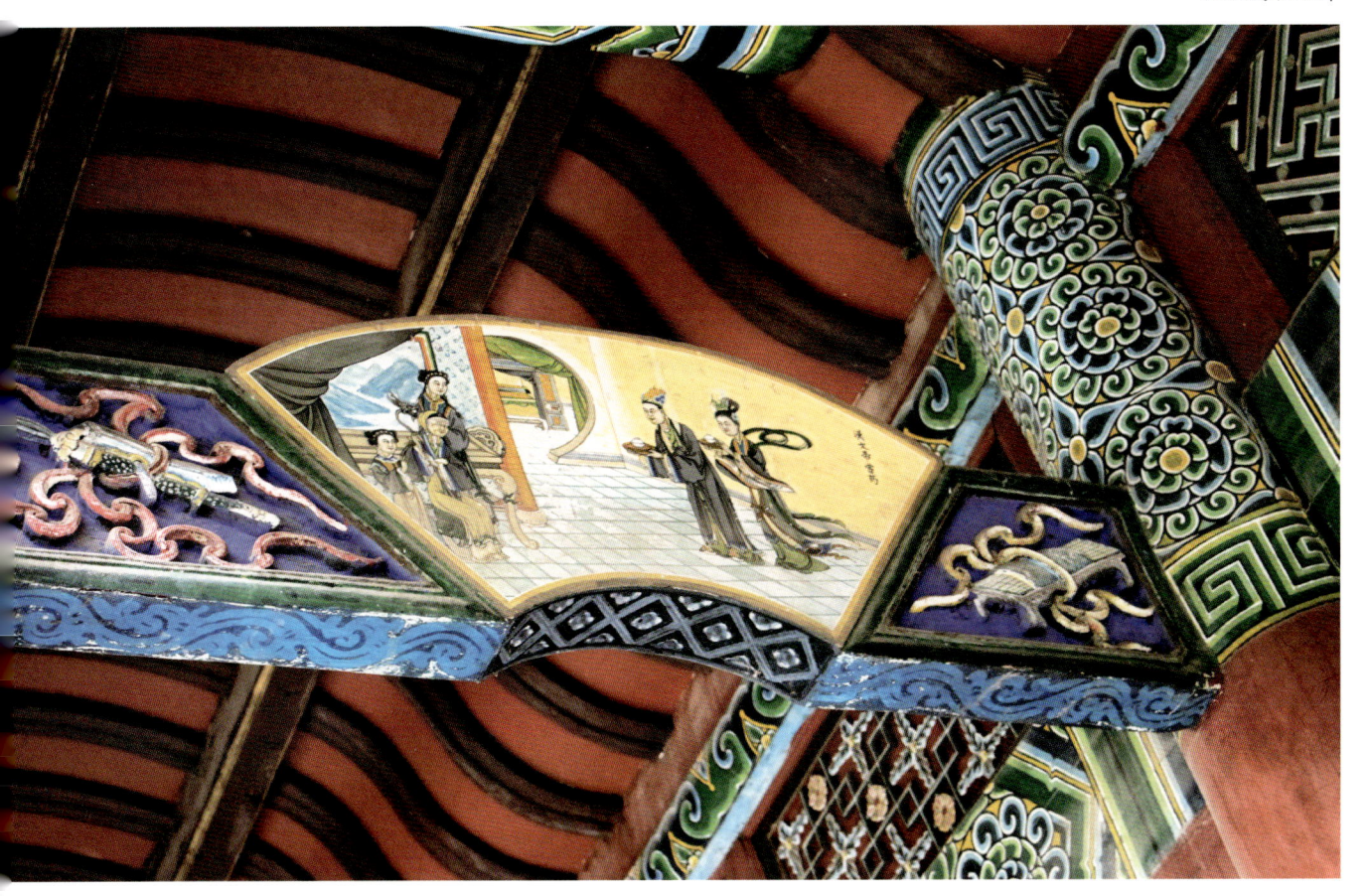

丹凤县 065

花戏楼建筑细部

马王庙

马王庙有二。一在龙驹寨中街，为北路马王庙，清道光年间由北路骡帮修建，规模壮丽。西偏道院更是宏敞，院内花木、鱼池极壮观瞻。民国二十一年（1932年）被李长有匪毁。一在龙驹寨西关，为西路马王庙。总占地面积9748平方米，现存庙舍23间，其中上殿三楹，前后廊檐各3米，殿堂为五檩四椽硬山式结构。屋面覆筒瓦，脊高约1米，为兽头装饰屋脊。西马庙砖雕为多，影壁、乐楼、回廊等多有砖雕装饰，构图讲究，内容丰富，做工细腻。

民居建筑细节

陈家宅院，坐落于丹凤县城西3公里的陈家村南巷。由一代宅主陈兆化始建，年代不详。清光绪十一年（1885年）由二代宅主陈维廉完工。

宅院巷口有上马石，左侧立拴马桩。宅院由前至后，有大小不等的五层院落和逐级升高的四进屋宇组成。黑漆底色的花门楼上镶嵌"秀挹青云"眉匾一块。屋内青砖铺地，院子均用五色石铺成花鸟图案。整个建筑全系砖木土石混合结构，房顶上置有五脊六兽。从前房到堂屋，不仅有浮雕、透雕，而且饰有名家题咏及山水人物壁画。

凤冠山度假村

　　凤冠山度假村，位于丹凤县凤冠山自然景区东端（县城北面），占地面积30余亩，总投资800余万元，是丹凤县城区的一处集旅游、餐饮、住宿、娱乐为一体的综合性度假山庄。山庄北依冠山，南邻丹江，坐落于山水环绕之间。站在山庄之上俯瞰全城，美景尽收眼底，神游物外，不由人顿生返璞归真之感。

保护建议

　　龙驹寨镇上精美的历史建筑，已被列为文物保护单位，应按文物保护要求加以重点保护，从历史城镇与街区来看，主要应保护其整体的特色风貌及其周围的历史环境。

商镇

基本概况

商镇位于丹凤县城以西7.5公里处的流岭北麓，东部与龙驹寨镇隔老君河相望，南部与寺坪镇以流岭山脉相接，西部与棣花镇相连，北部与留仙坪毗邻。丹江横穿东西，老君河纵穿南北。

商镇历史悠久，因是秦国改革家商鞅封地而得名。唐、五代、宋都曾在此建立商洛县，历时500余年。金海陵王贞元二年（1145年），废县为镇，故又被人称为"商洛第一镇"。境内名胜古迹较多，商州八景十观中的"商山雪霁""昙花胜地""四皓古陵"，以及商山寺均位于商镇境内。

特征：商洛第一镇。

商镇民居

村镇布局

商镇面朝西南,地势由东北向西南微倾,街区内户连户,屋连屋,布局紧凑。这与江南村落一般的坐北朝南有所不同,它们的朝向并不很严格,通常都是因地制宜,依山水之势而稍异。

四皓内建筑

商山四皓

四皓大门

建筑特色

"商山四皓"墓,位于商镇街西南隅。《商州八景》有"四皓古陵冲北斗"之句,即此。陵园占地 1848 平方米。陵内三墓为正冢,其墓冢均为圆形土堆,直径 7 米、高 5 米。

"商山四皓"是秦朝的四位博士:东园公唐秉、夏黄公崔广、绮里季吴实、甪里先生周术。秦始皇焚书坑儒时,他们相携避居于商山。西汉初年,刘邦意欲废嫡立庶,四皓应吕雉敦请,出山扶助太子刘盈,为巩固太子刘盈承继大统的地位出过力。

相传四皓辞世后,汉惠帝曾令三千御林军每人自长安携土十斤,来商山为"四皓"墓培土。唐代柳宗元、宋代王禹偁均曾为"四皓"撰写过纪念碑文。今墓区仍存有明代"商山四皓墓碑"一座,且筑有碑楼。

"四皓"墓于 1982 年 6 月 7 日被列入丹凤县文物保护单位,并被载入《陕西名胜》一书。1992 年被公布为陕西省文物保护单位。

保护建议

商镇基本保护了原有的一些村落格局和历史建筑，但存在一些亟须改进之处。如历史建筑和其他古迹周围有一些修建性的破坏，仅有部分还保留着较为完整的传统风格，其他区域大多为新建民居，而与传统建筑的风格出入较大。另外，古镇的交通和卫生条件也亟待改善。

商镇民居门楼

民居建筑局部

竹林关镇

基本概况

古时此地竹林茂密，又是上通龙驹寨，下至荆紫关，西达山阳县的交通重要关口。是一个"一鸡鸣三县、两河注一关"的边陲重镇，曾是"水舟通荆襄、驼马入蓝关"的水旱码头，因竹子居多而得名。

竹林关镇丹凤县城东南方向33千米，东临商南县金丝峡镇，南连山阳县王阎镇，西接丹凤县土门镇和寺坪镇，北接龙驹寨街道办事处和花瓶子镇。农历一、四、七逢集，届时商贩云集，人头簇拥，故有"陕南集镇的明珠"之誉。

> 特征：陕南集镇的明珠。

竹林关全景

古镇布局

银花河、丹江河交汇于竹林关,旧时是丹江流域与龙驹寨、荆紫关齐名的水旱码头,商贸集市历史悠久,沪陕高速、丹竹路、郭山路穿境而过,距金丝峡景区15公里,交通便利,地缘优势明显。

竹林关老街为民国初所建,房屋均为徽派建筑,现存中街一段保存完整;街后建筑大部为20世纪70～80年代所建,以土木、砖木结构居多,连绵数百家。数百年来,竹林关建筑风格唯独没有改变的是南北走向的霍家巷、华家巷、米家巷、邮局巷等,与前街相连,每一条巷子都有一个故事,每一条巷子都有一座庙宇。

竹林关民居

竹林关老街

建筑特色

邢家村，邢姓祖居山西大槐树，老一辈兄弟三人中，一支迁往陕西高陵，二支迁至竹林关，迄今已历数百年之久，已繁衍至千余人。第四代邢玉年建有7间房屋，以"砖包墙"闻名。族中曾出过武状元一人，状元门第的拴马桩迄今仍在门前。邢玉年的7间旧居及门楼、雕刻的木板门也保存完整；院门外占地2亩多的邢氏坟园，每至清明节远近子孙回乡拜谒者接踵而至，挂满白纸条的大坟园给人一种慎终追远的遐思情怀。

村落布局

邢家村老门楼

拴马桩

雕花门

杨泗庙建筑细部

邢家大院屋脊

商洛市特色村落小镇集锦

寻找记忆中的村落

078

保护建议

竹林关的传统街道和典型民居，由于保护措施不当，大多处于衰败状态；由于忽视对传统街区整体性的保护，致使许多传统民居多已改建成现代合院住宅，已逐渐失去原来风貌。

竹林关的保护应着重强调整体风貌的保存和发展，将各类保护措施联成一个完整的体系。在保存历史风貌的前提下，应积极改善基础设施，提高居民生活质量。

城隍庙

寺坪镇龙门村

特征：历史悠远的古庙。

五花庙

碑文

龙门村石碑

路牌

五花庙局部图

屋脊外部

屋脊内部

寻找记忆中的村落
商洛市特色村落小镇集锦

082

建筑屋脊雕花（上、下图）

建筑屋脊细部

建筑门楼壁画

寻找记忆中的村落 商洛市特色村落小镇集锦

084

门楼

洛南县

巡检镇巡检街村

石坡镇李河村鞑子梁

柏峪寺镇柏峪寺街村

高耀镇西塬村

寺耳镇西庄村

寺耳镇柴湾村

巡检镇巡检街村
寺耳镇柴湾村
寺耳镇西庄村
石坡镇李河村鞑子梁
柏峪寺镇柏峪寺街村
高耀镇西塬村

洛南县　087

巡检镇巡检街村

基本概况

巡检镇地处华山之阳,位于秦岭东南麓,与潼关、华阴相邻;南临洛水接石坡镇、石门镇、寺耳镇等地,古来为中原进出商洛之北门户,亦是商洛北出关中、中原之边贸重镇,交通要塞。该镇南距洛南县城45公里,北距潼关县城42公里,总面积281平方千米。镇政府驻巡检街村。境内山川秀美,峰峦叠嶂,林木茂密葱翠,森林覆盖率80%以上。地域南北狭长,东西较窄,气候温和,四季分明,土地肥沃,物产丰富。

特征:北出关中之门户。

巡检老街

民居

民居外部

洛南县

村庄布局

　　巡检建筑主要以古代寺庙和特色民居为主,具有浓厚的山地文化特色。村庄前有案山,左右有护山,北部地形缓缓升高,鱼平河从村子中间穿过,周围山丘重叠环抱,朝圣大道和老街将村落划分成了新区、老区、老君山景区和生态农业区四部分。千百年来,古村落一直在自然限定的空间里进行建设。山坡上苍松翠柏,溪水潺流,居民的自律开发维持了良好的生态环境,是人与自然和谐共生的典范。

巡检镇巡检街村布局图

建筑特色

（1）民居建筑

巡检街南有祖师庙和魁星楼（现巡检中学校址），北有老爷庙，各庙分别有前殿、上殿、两侧厢房和戏楼，于农历十月十五、二月十五举办庙会，香火十分旺盛。中有土地庙，南北头各建有城门楼一座。城门之间为商户和居民商品经营与生活居住之地，现遗存有赵家粮行、代家盐商铺以及古民居30余座，虽已残破，但风采依旧，古色古香，和谐安静。

巡检老街四合院改造效果图

巡检老街改造效果图

洛南县 091

巡检老街现状

巡检村民居中保留有大量清代建筑，这些民居建造就地取材，房屋基础多使用当地碎石、青砖砌筑，墙身采用土坯，土坯外涂抹草筋黄泥，再于上面抹上白灰。有些土坯墙中立有木柱，出挑斜柱支撑屋檐重量。现诸多民居年久失修，白灰墙面长期受风侵雨蚀，大多已脱落，裸露泥墙，色彩质朴。民居正房多采用硬山、悬山屋顶，覆以灰瓦。东西偏房则多受陕西关中地区民居的影响，采用单坡屋顶形式。

村内大街遗留有一些明清商铺建筑，历史上此地青砖较为缺乏，因此这些建筑整体多为砖石相间砌筑，墙体外侧以砖包边，墙体中心则砌以石材，十分具有地域特点。其砌筑手法及柱梁用材、雕刻等都十分讲究。

老街单面房

老街钱庄

巡检传统民居

（2）宗教建筑

据《洛南县志》记载，"华严寺始建于南辽，重修于明正德年间（1506～1521年），当时建有正殿、中殿、前殿三楹，和谐得体，肃穆壮观，画栋雕梁，金碧辉煌，曾是兴盛之所。清乾隆年间（1736～1795年）重新修葺，古刹又换新貌……"古时华严寺曾是高僧修行之地，并且在每年农历四月初八，寺庙及八个下院的僧众都聚集于此，拜佛诵经，附近百姓也前来祈福朝拜，十分热闹。现存上中下三殿，殿内壁画笔法细腻，色彩艳丽，线条生动，张弛有度，人物惟妙惟肖，为祠庙文化中难得之精品。因年久失修，现殿宇部分已有垮塌，亟待进行保护性修复。巡检境内尚有洛南八寺中的香山寺、相壕寺遗址。

华严寺大门

华严寺

寻找记忆中的村落

商洛市特色村落小镇集锦

华严寺外景

寻找记忆中的村落 商洛市特色村落小镇集锦

华严寺建筑细部

入口门廊

门楼细节

寻找记忆中的村落
商洛市特色村落小镇集锦

保护建议

巡检古镇的民宅、古寺及传统的街巷，展示了巡检古昔时的繁华，具有较高的保护价值。但古建筑大多年久失修，部分建筑急需修整。针对目前存在的困境，提出如下保护建议：

（1）由镇政府审定公布并实施挂牌保护；由文物、规划、城建部门登记造册，并提出相关保护要求；划出一定的民居环境保护区域，在此区域内，未经文物、规划、城建部门同意不得随意拆除、改建、添建。

（2）制定保护维修规划，申报省级历史文化名镇，落实专项保护维修资金，分批对此处传统民居进行一次全面保护维修。对已改建的部分，恢复原貌；添建部分予以拆除。

（3）将房产收为国有，在此基础上，利用国家专项资金或社会资金对民居进行逐步修缮和完善，进而实施对外开放做旅游产业等利用工作。

（4）对民居进行建档管理，收集其建造的时代背景、宅院主人等相关历史资料及历史照片等，对宅院的现状进行实测、拍照。

建筑细节

石坡镇李河村鞑子梁

基本概况

石坡镇李河村，位于石坡街以北9公里处，南与石坡镇刘塬村相接。耕地面积2367亩。李河村境内鞑子梁，海拔1000多米，坡度约60°～70°，散落于其上的石板房群落是洛南古代民居中的一道绝世不群的独特风景。

特征：民居中一道绝世不群的独特风景。

石板房现状鸟瞰

石板房

村庄布局

鞑子梁的石板房群落始建于元代,八百多年来,鞑子梁的村民就在这里生产生活,生息繁衍,逐渐形成了张家大院、杨家大院、刘家大院和乔家大院四个院落群。这些村落在山梁上依地势而建,错落有致。据了解,像鞑子梁这样大的规模和保存完整的石板房群落,目前在全国范围内都比较罕见。

石板房

建筑特色

鞑子梁所处地理位置相对偏僻，村落依山坡地势而建。建筑就地取材，建筑的墙体、屋面基本上全是取山上石头凿片建成。石片多凿切成 5～10 厘米不等的厚度，表面打制平整，无需添加任何黏结材料，每块石片层层叠置，十分坚固。有些房子为了更加保暖，在石墙的外侧还涂抹一层泥浆，从而形成了石墙和土墙两种不同的立面效果。院落主要由上房、偏房和厨房及院墙围合而成。屋顶则选取凿切面积较大的石片，放置于木椽之上，自下而上，密密的层层叠压，以增强防雨功能。此类建筑营造风格中极具地域特点，集中地展示了历史上当地居民的聪慧与勤劳。

石板房

石板房外景

石板房与劳作

寻找记忆中的村落　商洛市特色村落小镇集锦

石板房院落

保护建议

现状古民居基本保留原有格局及风格,但是村内大部分院落现今多已没有人居住,有些房屋已成为危房,原有街巷逐渐遭到破坏;村中基础设施落后,缺乏公共设施。针对这些问题,建议认真完善原有保护计划,以规划为指导进行古村保护与建设,注意改善人民生活条件,进一步完善基础设施,并且要加强村民的古村保护意识;同时要对李河村旅游资源进行更深一层的发掘。

柏峪寺镇
柏峪寺街村

特征：本土的寺庙建筑。

基本概况

　　柏峪寺镇位于洛南县城以东25公里处，洛河及洛灵路穿境而过，全镇总面积120平方公里。柏峪寺街村是柏峪寺镇政府驻地。境内有罗汉洞、洛河漂流、药树庙、古猿人洞遗址等众多旅游景点，是一个以旅游业为主导的新型城镇。药树庙距柏峪寺街约五六里的路程，因庙前有一棵大药树，故被称作"药树庙"，素有"庙小树大名远，神灵药妙应验"之美誉。又因其供奉的是唐宋八大家之首的韩愈和民间传统的土地爷，故又称作"文公土地庙"。药树庙始建于唐代，重修于明代，古往今来，香火兴旺，久盛不衰，但在"文革"中，不幸惨遭破坏。

药树庙

建筑特色

柏峪寺镇及其周围，曾经被大片茂密的古柏所覆盖，在这森森的古柏之中又曾建有一座洛河上游规模最大的寺院，为洛南第一名刹，信徒众多，香火旺盛，柏峪寺因此而闻名远近。清代洛南县丞朱士奇曾写有一首题为《雨夜宿柏峪寺》的诗，如实的纪录了柏峪寺当年的兴盛景象。

寺内布局

关帝庙建筑细部

洛南县　109

关帝庙

　　柏峪寺镇内古建保留下来的不多，主要是一些庙宇，如关帝庙、药树庙都是经过多次修葺遗留下来；民宅基本上都是近几年内新建的，以陕南移民搬迁建筑最为典型。

保护建议

对于柏峪寺镇的古寺庙、古文物，应以保护为主，在修缮中应特别注重原真性的修复要求，以留存岁月历史的痕迹。在有效保护历史遗存的同时，充分挖掘城镇文化内涵，带动相关产业发展，积极推动城镇经济发展和文明建设，并注重城镇建设中建筑风貌的统一。

村落布局图

高耀镇西塬村

基本概况

高耀镇是洛南县的"东大门",连接陕豫两省,东连河南省卢氏县官坡镇,西接三要镇,北临王岭镇,南依蟒岭山脉与丹凤县峦庄镇和庾岭镇接壤,全镇总面积138平方公里。地形东南高,西北低,且气候差异较大,暖温带和亚热带特征兼而有之,四季分明,降雨充沛。

西塬村,是高耀镇镇政府所在地,距县城55公里,村域面积16平方公里。西塬村境内生态环境良好,旅游资源丰富,最突出的是文显山、瓮沟河两大旅游景点。

特征:新老街区协调发展。

高耀新街

村落布局

西塬村沿307省道和东沙河呈带状分布。高耀新街和老街将村子分为了新旧两个片区，建筑群主要沿着这两条街分布，建筑风格呈现了移民新村和陕南传统民居两大类型。

建筑特色

建筑风格以新建的移民新村最为典型，移民以徽派建筑为主，采用黛瓦、粉壁、马头墙等建筑元素。除了移民新村和一些公共建筑外，其他的建筑风貌基本上延续陕南民居风格，这类建筑风格主要体现在白墙、灰瓦、坡屋顶和屋脊雕花等建筑元素上，建筑层数一般在1～2层。高耀老街民宅、会仙台张家院极富这种地方民俗文化之特点，目前保存完整。

张家大院

高耀老街

商洛市特色村落小镇集锦

寻找记忆中的村落

高耀传统民居

老街店铺

建筑屋脊

保护建议

高耀镇西塬村区位条件良好，对外交通联系方便，城镇建设发展较快。古街区的保护与利用，新区与古街区的协调发展都是亟待解决的问题。

古街区主要是高耀老街区域，历史风貌保存较完整，然而历史建筑特别是民居建筑的质量普遍较差。因此规划管理中应遵循"安全第一，保护第一"的原则，对质量较差的历史建筑进行积极维修，严格控制古街的第五立面和沿街立面。

寺耳镇西庄村

基本概况

寺耳镇位于洛南县东北部,东邻陈耳镇,南连石坡镇,西界巡检镇,北接潼关县及河南省灵宝县。全镇总面积147.2平方公里,距县城55公里。西庄村位于寺耳镇的西部,村落有保护尚好的传统建筑,具有较高的历史认识价值。

特征:传统建筑格局的典范。

西庄村刘奉三故居

西庄村刘奉三故居屋顶

寺耳镇西庄村布局图

洛南县

村落布局

西庄村的村落整体布局巧妙，其利用自然水系走势及山体地形逐渐发展而成。整个村落布局紧凑，四面环山，藏风纳气，一条河流从村子中绕过，似玉带缠腰，整个村落风水格局较好，且生态环境保护较好，景色宜人。村中刘三奉故居相对保存完好，整个建筑由前院、后院两部分组成，并且两院之间还设有院门，关闭之后可分割成两个独立的院落。

建筑特色

西庄村的刘奉三故居，形成了两进院落式的布局，整个建筑格局由上房、两侧厢房组成。建筑屋顶全部覆以灰瓦，正房屋顶高于东、西厢房。屋脊建造十分讲究，正脊从中间逐渐向两端升起，形成反宇之势。故居60%的房舍现今都保护较好，并且从建筑的墙体、屋脊、屋檐、梁架等构件上都能看见许多精美的装饰图案。正脊两端原有吻兽，后被人为毁坏，从建筑现存面貌上亦能看出其历史上的精美。由于该地处于秦、豫两省交界之处，建筑在风格上既有陕南地区灵山秀水之气，又有河南西部地区厚重朴实之风。

西庄村刘奉三故居院落局部

西庄村刘奉三故居院落局部

建筑细部

保护建议

西庄村刘奉三故居，现状民居格局完整，目前院内仍有人居住，是现存土坯结构民居中为数不多的清代民居，仅东侧柴房属于近几年新建的，墙面与原有的土坯墙面色调不符，建议进行立面粉刷，并对脱落的墙皮进行修补，同时增加院落绿化面积，建议增加部分果树以增强院落的田园气息。

西庄村刘奉三故居二进门

寺耳镇柴湾村

基本概况

寺耳镇位于洛南县东北部，东邻陈耳镇，南连石坡镇，西界巡检镇，北接潼关县及河南省灵宝。全镇总面积147.2平方公里，距县城55公里。柴湾村位于寺耳镇的南部，村落有保护尚好的传统建筑群落，具有非常好的历史价值。

特征：传统建筑格局的典范。

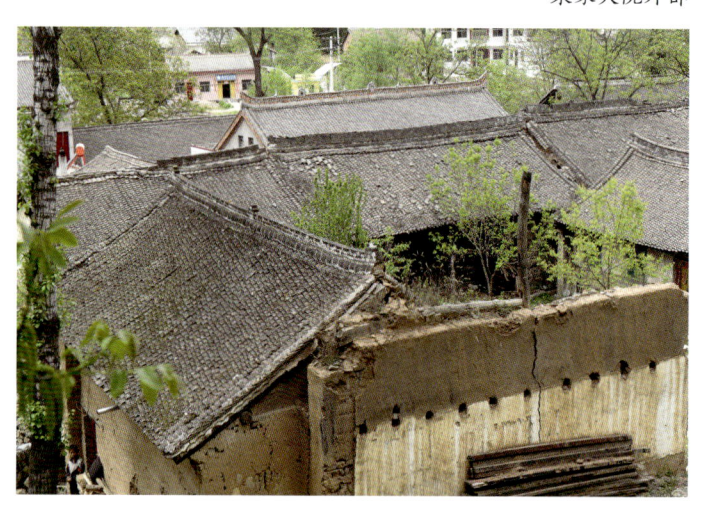

柴家大院外部

柴家大院建筑细部

寺耳镇柴湾村布局图

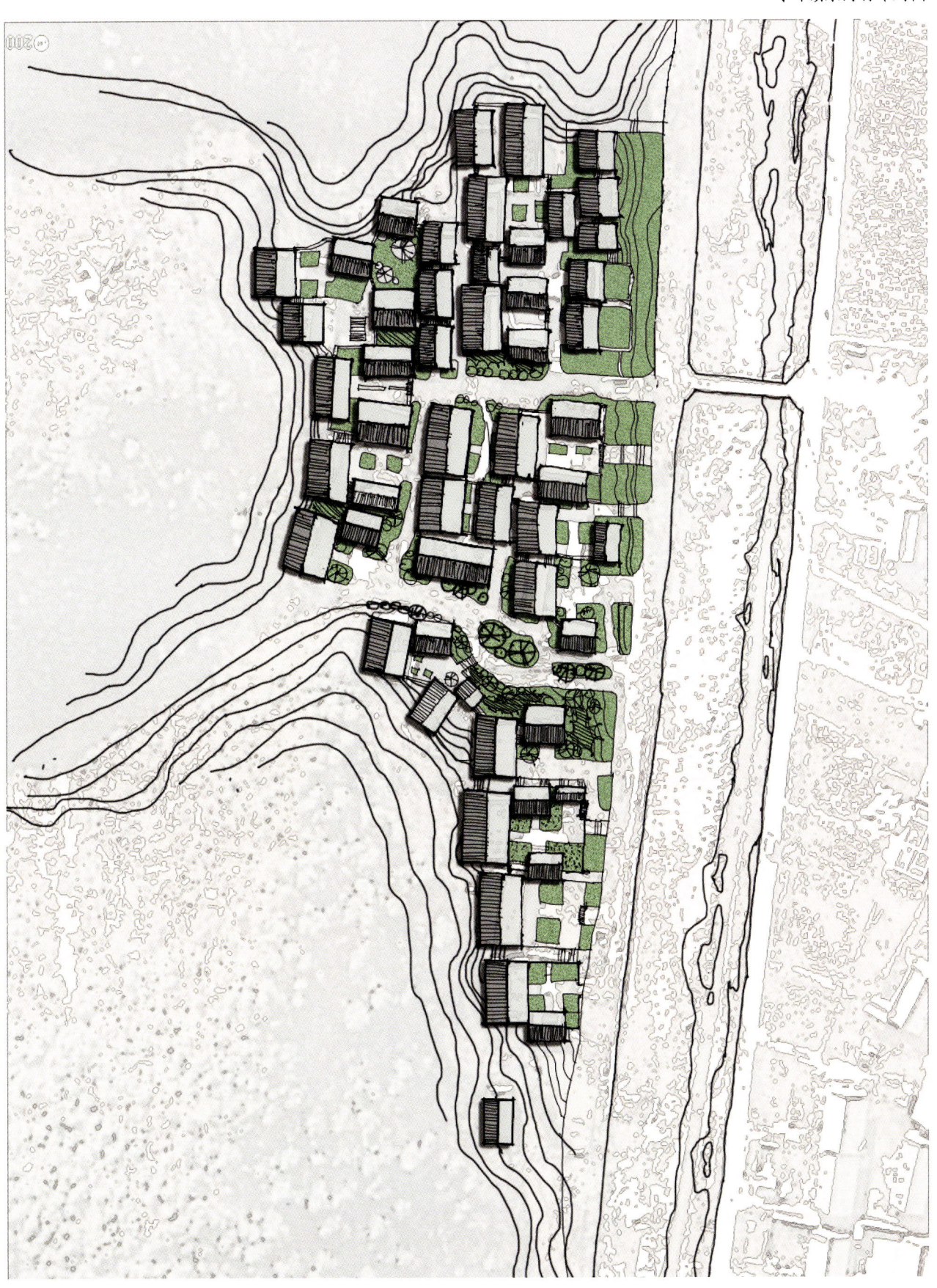

柴家大院入口

柴家大院内院

村落布局

柴湾村位于柴湾河的北侧,有部分乾隆年间保留下来的建筑。虽然经过几百年的发展,村落的面貌与之前已有较大的不同,但是整体布局与之前村容有相似之处,反映了传统民居的历史延续性。整个村落依山而建,沿河发展,从北到南形成了四排建筑,尤其是最后一排的柴家大院,依旧保留了其严谨的院落式格局,且保护完整。

柴湾村民局

建筑特色

柴家大院，为清代所遗存至今的建筑，整个院落格局为三联排合院形式，即有对外接客的空间，也有私密的个人环境。整个建筑群功能分区有别，布局紧凑，尊卑有序，十分规整。院落中建筑形体高大，形态自然质朴，清新典雅，透露着浓郁的人文气息。大院内的建筑形态简洁且有力度，又不缺细部的雕琢。建筑上的石雕、砖雕、木雕的内容丰富，寓意吉祥，且工艺细腻。雕刻内容多以花草为主体，通过隐喻、谐音的方法，展示了当地人们的民俗风尚。组成的每个院落都是典型的四合院格局，建筑走向坐北向南，由北面的正房、东西两侧的厢房、南面的南房，以及角落的耳房组成，院中环境封闭而幽静。在院落最西侧还建有一个柴氏祠堂，由于年久失修，受到自然环境的破坏，在 2012 年已经塌毁，迄今已有 200 多年的历史。

柴家大院建筑细部

柴家大院耳房

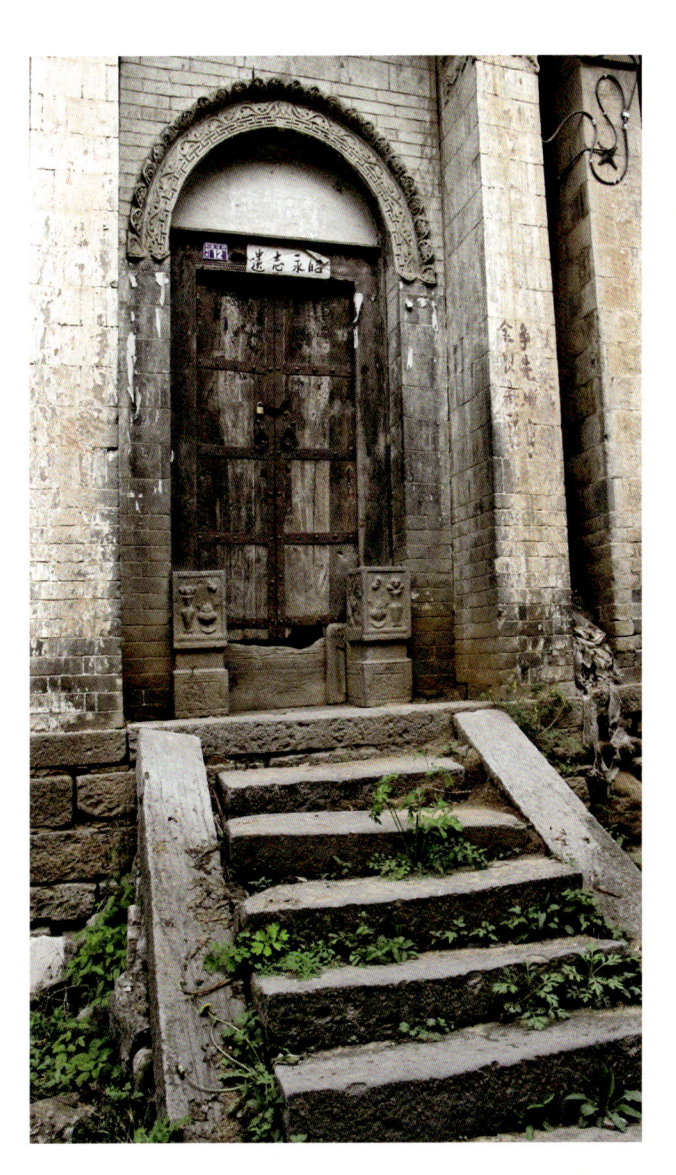

保护建议

柴家大院目前没有人居住，基本上处于荒废状态。由于自然天气的影响以及保护措施不力，最东边院落的东北角以及东侧的墙体已经出现了较大裂痕，且大多数建筑也处于急剧衰败的状态，建议相关部门尽快进行修缮，并且要对现有的三个院落的建筑以及配套设施进行保护。防止有价值物件的丢失。

不管是西庄村，还是柴湾村，对于整个村落的保护都应着重强调整体风貌的保存和发展，将各类保护要素联成一个完整的体系。在保存历史风貌的前提下，应积极改善基础设施，提高居民生活质量。

柴家大院建筑细部

洛南县

山阳县

漫川关镇

高坝店镇街道村

山阳县城丰阳塔

色河铺镇陆湾村

中村镇洪河寺村

成家老宅——花房子

山阳县

洛南县
商州区
丹凤县
商南县
山阳县
山阳县城丰阳塔
色河铺镇陆湾村
高坝店镇街道村　中村镇洪河寺村
成家老宅——花房子
漫川关镇

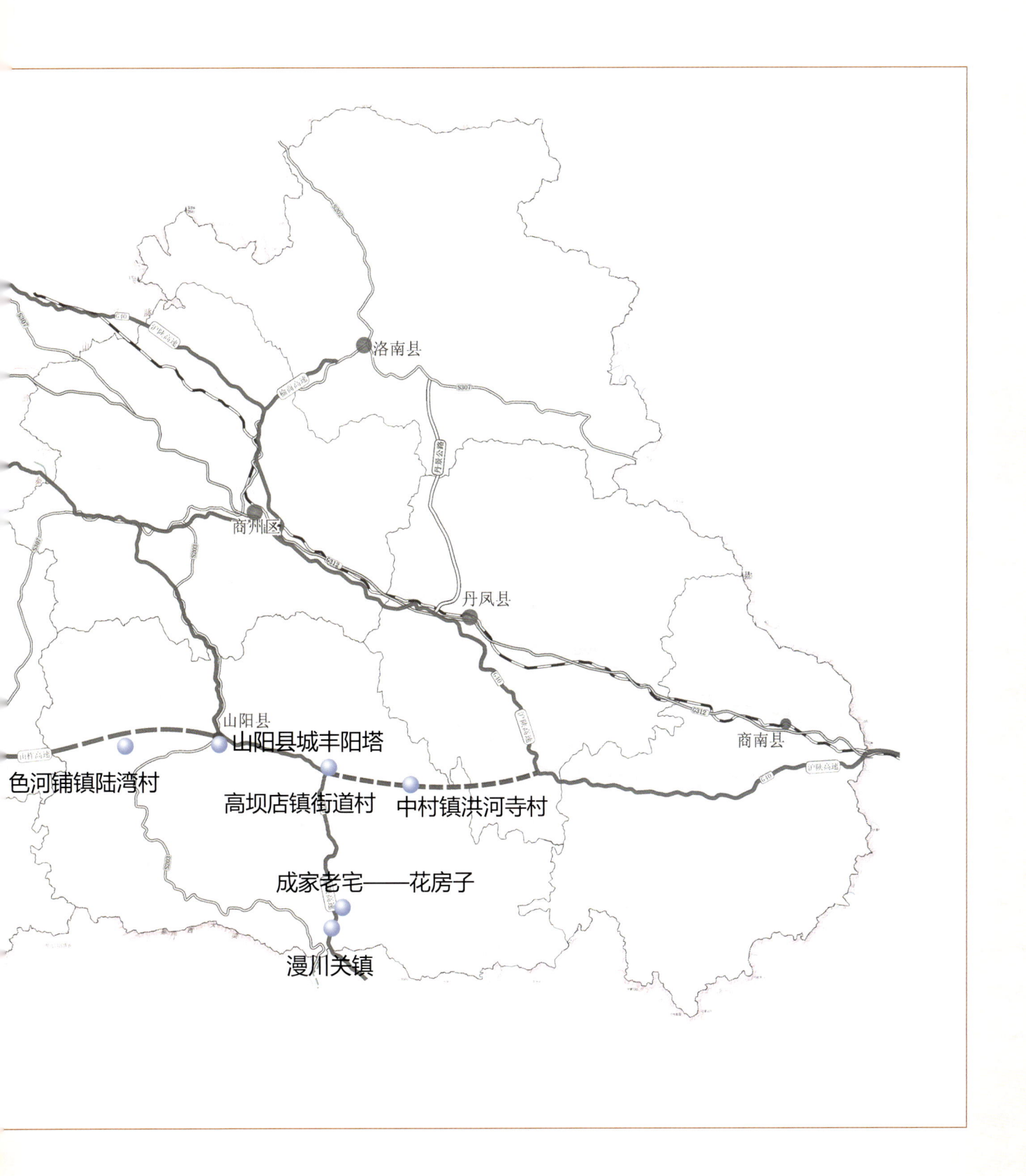

漫川关镇

基本概况

漫川关镇位于陕西商洛市山阳县东南,与湖北省郧西县交界。春秋为蛮子国,北魏置漫川县,北周并入丰阳县,明设巡检司,清为里,民国为镇,解放战争时期为上关县民主政府驻地,现为陕西省历史文化名镇。

特征:建筑风格南北交融的历史文化名镇。

漫川双戏楼

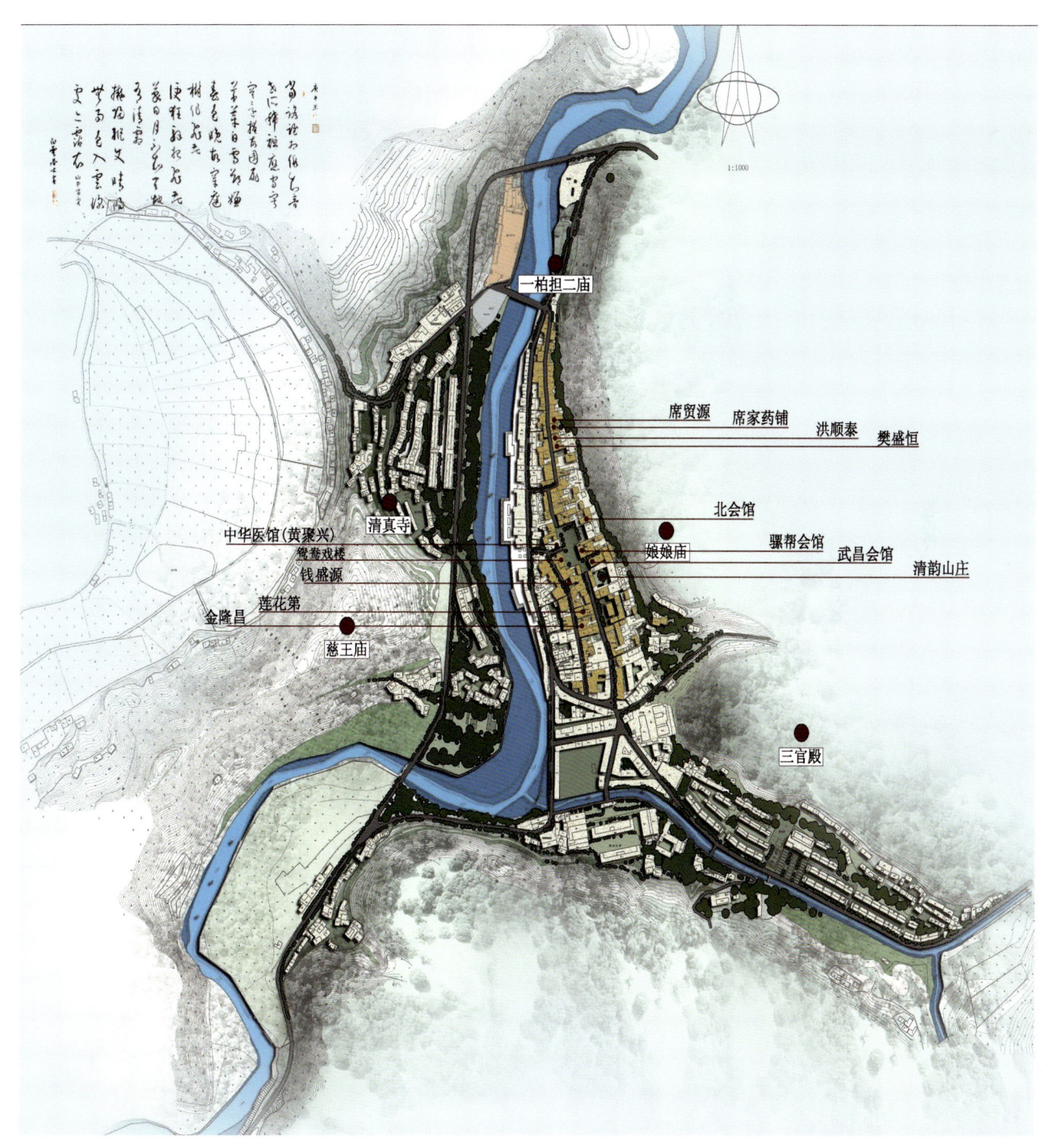

漫川现状平面图

山阳县　131

漫川老街

古镇布局

（1）老街

漫川关老街分上、中、下三段，下街因水毁而新修，上街古貌岸然。街道长而狭窄，均用石条，石子铺成。两旁民宅，多以木板为壁，青砖为墙，小瓦为顶。建筑两层高，上层为阁楼，屋檐，屋脊均雕工细腻，山墙处层层叠叠，盘花翘角，非常精美。老街长约1公里，有住家300多户。街巷道形状像蝎子，上街为蝎尾，下街为蝎头，中间最窄。街头曾建有观音阁，街尾有龙王庙。明清时水运兴盛，馆舍林立，当地山货和南北商品在此云集，水路交替，促成了漫川关的繁荣。

（2）水旱码头

古镇地处"水旱码头"转运节点。"水码头"在金钱河边，沿金钱河顺流而下45公里即可进入汉水，汇入长江水运。沿岸众多老建筑毁于水，仅存杨泗庙和武圣宫。

建筑特色

（1）双戏楼

清代建造，是漫川关的标志性建筑，在建筑、绘画、砖雕、石雕、木雕等方面都有独到之处。它由南式戏楼和北式戏楼并列组成，南戏楼为重檐歇山牌楼式，翼角高翘，细腻灵秀；北戏楼为单檐歇山式，大气挺拔。戏楼两端用硬山封火墙隔开，中间有演员休息室巧妙连接。过去双戏楼经常会唱对台戏，往往北秦腔、南汉剧同台演出。这种国内仅存的双戏楼形式，充分展现了当地民间戏剧的繁荣以及南北文化的交融。

（2）骡马会馆

包括关帝庙和马王庙，清光绪十二年（1886年）修建，位于漫川关老街中心，为商人聚会之所，与双戏楼隔广场相对，为四水归堂式的清代砖木建筑，砖雕、木雕和墙绘都精致美丽。关帝庙为山西骡帮所建，马王庙为河南马帮所建，二庙连体，合用一墙。

（3）北会馆

北会馆坐东向西，建于清光绪三年（1877年），占地面积约380平方米。建筑主要分为前殿、后殿，之间设有天井。根据实测，两殿均面阔三间为12.7米，进深二间为12米。两个建筑均为硬山顶并覆以灰瓦。两山墀头有"北会馆"三字砖雕。山墙砖的砌筑方法十分灵活，加上墙面上的彩绘，运用灰白相间的色彩搭配，点缀些黄色，俊秀轻灵使整个墙面肌理有着丰富的艺术效果。建筑的屋脊雕饰也极为细致，体现出当时手工艺人精湛的技艺，成为陕南砖砌建筑的典范之一。北会馆为关中、天水骡帮所建。

建筑细节

北会馆侧面

建筑细节

（4）武昌会馆

武昌会馆建于清代晚期，占地约405平方米，坐东向西，由前殿、后殿组成，中隔天井。两座建筑均为硬山灰瓦顶，均面阔三间约为13米，进深二间约为10米。两山墀头砖采用雕莲花、双龙戏珠的图案，并置有"武昌馆"三字砖雕，技艺精道。武昌馆为湖北船帮、马帮所建，其大门楹联"晨曦动木铎木舌唤醒大雁塔；夕烟下渔舟渔歌唱醉黄鹤楼"体现了当年的商运活动。

（5）杨泗庙

又称"船帮会馆"，位于漫川关镇水码头村，依山面河，为砖砌五花山墙硬山顶，檐下为拱板装饰，建筑工艺独特。部分建筑连同武圣宫毁于水。

双戏楼背面

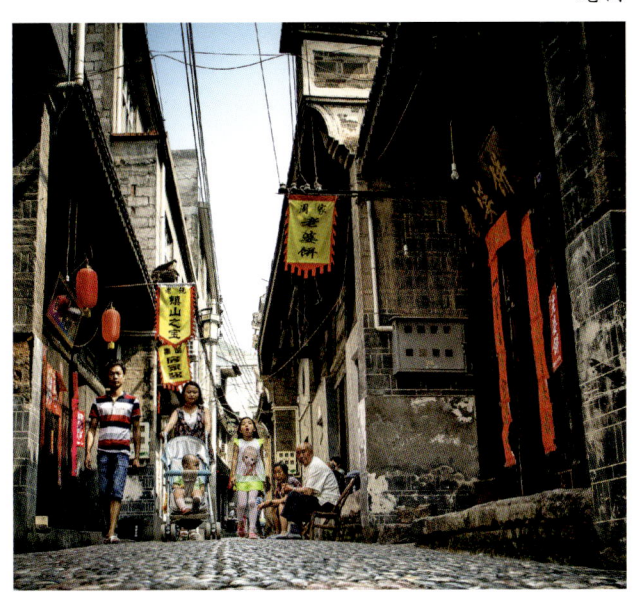

老街

保护建议

随着现代交通的兴起，古老的驮运水运、自然地逐步地走向消亡。但我们要着意留存这些历史遗存，这是社会和城镇发展史上的记忆，保护他们就显得格外重要和迫切。重要的是要做好保护规划，要控制现代建筑的建造，特别是要提高人们对历史传统文化的尊重和爱护，充分意识到这是珍贵的有价值的文化遗产。

寻找记忆中的村落　商洛市特色村落小镇集锦

围合庭院

高坝店镇街道村

基本概况

高坝店镇系山阳县的古老集镇之一，明清时以广开有骡马店著称。高坝店位于山阳县东北部，鹃岭北麓，银花河畔。镇政府所在地为高坝店村，土地开阔，交通便捷。现今有 G70 福银高速、山郭公路过境，是连接山阳南北的交通必经地。古迹有清代供职四川布政使程豫及其诰封一品夫人的故居及合葬墓遗址。

高坝店地当鹃岭古道，沟通金钱河与银花河，是通往湖北、河南必经之地，是漫川关通往竹林关的重要商道，集市贸易兴盛。

特征：商贸重镇 历史遗迹。

高坝店镇街道村新村风貌

山阳县　137

高坝老街

村庄布局

　　高坝店镇街道村处于银花河上游，境内群山连绵，沟壑纵横，地形复杂，山川兼有，土地肥沃，资源丰富。建筑依托河道和山体布局，整齐紧凑有序，主次分明，村庄整洁，环境优美。

　　2014年，高坝街村移民搬迁安置点一期已经建成，安置本村及周边村镇的居民1100多户。临河布置，依山而建，排列整齐，色彩清新，成为高坝店镇一道亮丽的风景。

民居屋脊　　　　　　　　　　　　　　　　程豫故居全貌

文脉传承

程豫故居。程豫（1807～1889年），字立斋，乡人称程五老爷，陕西省山阳县高坝店人，祖籍安徽休宁。咸丰六年考取进士，历任山西徐州知县、解州知州、大同知府、山西按察使和四川布政使司。因屡建功勋，清廷拟简授河南巡抚，以年老乞休，诰封荣禄大夫。

高坝老街，战国时称"草桥关"。相传西汉末，刘秀为避王莽之害，曾至草桥关避难。乞食途中昏倒在一店内，幸得店主高妈以"麦仁粥"救下。后刘秀登极，建立东汉，为报高妈救命之恩，下旨将"草桥关"改名为"高妈店"。经人口传，演变成高坝店。老街宽约8米，长约180米，布局合理，构建巧妙，多有木板建筑式样铺面。铺后为四合院民居建筑，铺面做生意，铺后为起居之所，街面鹅卵石铺就，街侧为渠，引鹘岭山水穿街而过，设计构想精妙，建筑风格鲜活。

山阳县　139

局部建筑屋顶造型

建筑特色

　　高坝店镇老街——多为土木结构，灰瓦坡屋顶，木格栅窗户，户与户之间有马头墙分割，布局合理，构建巧妙。以明清木板建筑式样铺面为主，至今保存完整。

　　程豫故居——清代建筑，位于高坝老街区，四合院形式，建筑为土木结构，木板为壁，青砖为墙，灰瓦为顶。建筑两层高，上层为阁楼，屋檐、屋脊均雕工细腻，山墙盘花翘角，非常精美。

　　碑石——清光绪年间，皇帝赐予程豫及其家人的石旗杆和神道墓碑。

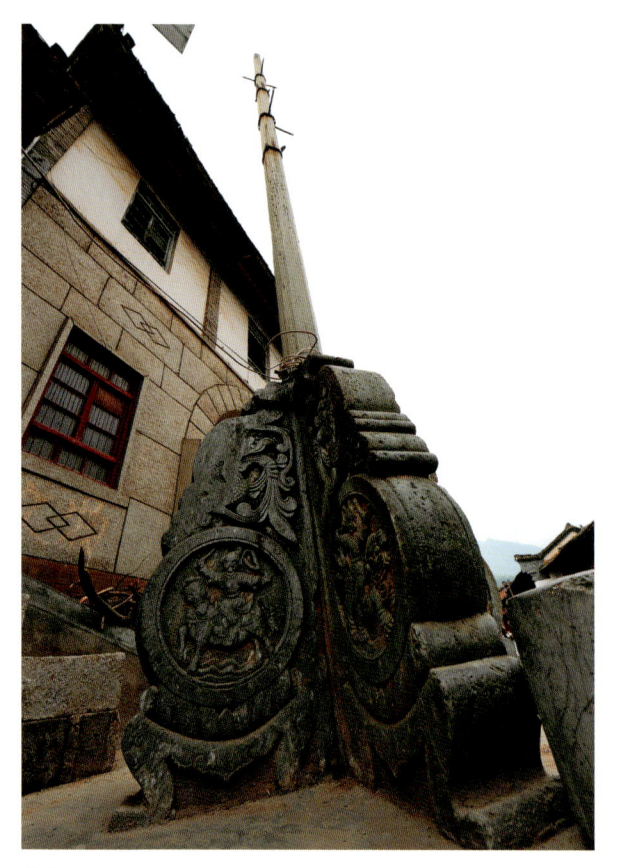

旗杆

程豫故居古老的马头墙

保护建议

保护现有民居风貌，维持原有建筑特色，不改变道路的宽度和水渠的数量。将电力、电视、电信、宽带网和自来水、排污管埋入地下，增加消防设施，减少火灾隐患，改善饮水质量，减少水源污染与视觉污染。交通、卫生条件、尚需提高。要提高居民对古街的保护意识，将古镇保护与旅游发展有效结合，促使古镇旅游良性发展。

马头墙细部

山阳县城丰阳塔

特征：历史古迹。

基本概况

山阳县位于秦岭腹地高山之阳，水派湖北入长江，自古便是秦楚连接的水旱咽喉，南北文化荟萃交融，人文历史积淀丰厚，生态资源丰富，民情民风纯朴，总面积为3535平方公里。境内沟壑纵横，山峦绵延秀奇，植被完整，拥有独特的地理位置和众多的人文景观。

县城境内有禹王宫、丰阳塔、菩提寺、天主教堂等古迹。

丰阳塔

县城布局

山阳县城有西河、丰川河环绕，云台山、翠屏山、苍龙山环卫，是一个典型的山谷型城市。建筑大都背山面水，集中在河流两侧的平地上。老城区因占地狭窄，显得拥挤。新城区则形成山、水、街道、民居、公共建筑等相互渗透的生态网，使城市有层次、有序列、有体系。在整个城市外围的大范围生态绿地和城市内部绿化廊道的共同影响下，形成绿脉绕城的城市特征。

建筑特色

丰阳塔——位于县城西北隅的苍龙山之首，始建于唐朝永徽三年（公元652年），是一座雄伟挺拔的六楞空心塔。此塔形体协调，花纹别致，通体用红泥焊砖垒成，在塔林艺术中显得比较独特。原为九层，共六丈多高，现有七层，高四丈八尺，折合高为21米，底围15.26米。外形呈橄榄状，腹部空心，为密檐式，下层层高最高，以上各层间距较短，且各层均有不同的砖砌图饰，或为禽兽，或为花卉，皆传神生动。层底有拱门，其余各层相间开有券门。

丰阳塔雄居县河与西河交汇处，隔水与云台山、翠屏山、莲花山相望，登塔可览山阳古城全貌，丰阳景物尽收眼底，素有"塔乃丰阳华表"之称。史载"彼时置丰阳县，始有丰阳塔，县之徽兆也"，这是山阳县最早的古建筑物，也是商洛市现存比较完整的古塔之一，已被列入《陕西名胜古迹》和《陕西省重点文物分布图》。

丰阳塔广场

山阳县 143

修缮后的菩提寺

菩提寺——菩提寺与丰阳塔均在苍龙山上，共同构成山阳八景之一"丰阳图画"。寺内供菩提达摩祖师像，新建大殿两座，僧房四间，将原有之罗汉洞合并为一体。内供铜像19尊，木雕像4尊，收藏《乾隆大藏经》一部，为山阳佛教活动中心。

禹王宫——位于山阳县城东关，总面积3000平方米，规模宏伟，具有很高的历史、艺术、科学研究价值，被列入省级文物重点保护单位。

禹王宫又名湖广会馆，始建于清乾隆五十八年（1793年）。据《建修湖广会馆引》载：在明末清初之时，山阳由于屡遭战乱，人口大减，到清乾隆年间，由于清政府积极推行移民政策，各省移民纷纷来山阳定居谋生，尤以湖广之人为多。这些湖广移民来山阳后，为了有个聚会、议事、祭祀、娱乐的地方，就于乾隆五十八年在县城东关建修湖广会馆。会馆正殿主神塑大禹像，所以湖广会馆亦称为禹王宫。

经过修葺的禹王宫

禹王宫围墙

禹王宫

寻找记忆中的村落
商洛市特色村落小镇集锦

禹王宫采用我国古代传统的木构架结构，青砖砌墙，飞檐斗拱。其布局是沿纵轴线对称组织为主，依次为牌楼门、戏楼、广场、前殿、后殿，前后大殿东西两侧各有二排六间偏殿。

建筑细部

其屋面为五脊硬山顶，檐下斗拱层层迭出，凌空欲飞，组组相连，浑然一体；梁枋的主要部位均饰木雕，雕刻手法洗练精妙，生动流畅；大殿内甚为宽敞，四周饰以人物故事等壁画，栩栩如生，绚丽多彩，真可谓雕梁画栋，巧夺天工，表现出高度的艺术水平。

建筑细部

保护建议

（1）在保护范围以外，还应划出一定的地带作为控制范围。

（2）文物保护单位应有保护范围，有标志说明，有记录档案，有专门机构或专人负责管理。

（3）在文物保护单位的保护范围内，不得进行其他新的建设工程，不得拆除、改建原有建筑及其附属物，不得存放易燃易爆物品，不得随意挖土、采石和开路，不得排放"三废"污染环境。

色河铺镇陆湾村

基本概况

山阳县色河铺镇陆家湾村地处县城西 17 公里，属小河下游流域河谷川道地区。全村辖区 5 个村民小组 476 户，1745 人，耕地面积 1251 亩。全村 9.6 平方公里，林地 1.6 万亩，退耕还林地 400 亩。中心地点地势平坦，土质以两合土为主，平均厚度 200 厘米，疏松肥沃，有机质含量较高。小河纵穿全村，水资源丰富，山清水秀，环境优美。

特征：山环水绕、荷塘风月。

陆湾村千亩荷塘

村落布局

陆湾村整体像个太极图，小河在村落中间蜿蜒而行，村子周边山体重峦叠嶂。自然形成两个孤岛，和山、水、自然村落，共同构成一幅大地上的八卦图。生态优美，环境舒适怡人。

美丽的村落，蕴含着美丽的传说。传说太上老君的仙丹被孙猴子偷吃后，有两颗落到了这里，变成了两个孤岛，一个叫观荷岛，一个叫望荷岛。

村庄鸟瞰图

民居

山水格局实景

建筑特色

外围群山环绕，中心良田千亩，河流穿村而过。建筑风格主要以白墙灰瓦坡屋顶的民居建筑为主，和周边山体自然地融合在一起。建筑依山而建，成排布置，前后高低自然错落。房前屋后绿树成荫，环境优美。

村间小路

民居

劳作

寻找记忆中的村落

商洛市特色村落小镇集锦

发展建议

（1）保护自然的山水格局。

（2）加强环境整治和建筑风貌统一。

（3）在自然承载力的范围内发展美丽乡村旅游。

中村镇洪河寺村

特征：山水田园、生态宜居。

基本概况

因境内古寺庙而得名。原为洪河寺乡，2001年并入中村镇。东邻丹凤，北连商州。一溪纵贯中部，北源流岭，南注银花河。气候寒冷，土地贫薄。乡线公路通中村，距县54公里。

村落布局

村落实景

建筑实景

村落布局

境内村庄沿洪河寺河沟谷呈带状串珠式布局，随河道、山地形成了九曲十三弯的蜿蜒形态，村落也随地形变化坐落于山脚开阔地带，形成村前有碧水环绕、家门前良田数顷、房屋后青山为靠的人与自然和谐共处的宜居环境。

建筑特色

依山而建，傍水而居，是洪河寺村最具代表性的村落建筑特色。众多山体所形成的狭长沟谷地，限制了村落呈棋盘式的发展模式，但同时也造就了其顺应自然的独特山地居住环境，青山、绿水、良田既为居民提供了可资使用的农产品，也为村庄提供了优美的生活环境。建筑布局为依山就势，随地形状况三五成群的建筑组合。

现存建筑依建造年代而分为土木建筑和砖混建筑，其中土木建筑秉承商洛地方习俗而建，多为石砌基础、白墙灰瓦、雕花屋脊，虽存量较少但实为乡土建筑研究之基础，需要加大保护力度。新建的砖混建筑，在使用功能优化的同时也缺失了地方居民旧有的韵味。

建筑实景

建筑实景

关帝庙

洪河寺的关帝庙，作为民俗信仰的活动场所，以其传统建筑的精美风格和建造历史的久远成为香火旺盛之地。建筑物有大殿、戏台、香堂、厢房，布局合理。

建筑造型依据传统形制，粉墙黛瓦、雕梁画栋、屋脊精雕，体现了宗教信仰和地方民俗民风的文化传承，是乡土建筑研究的极好素材。

大殿

戏台

关帝庙整体布局

关帝庙屋脊

关帝庙建筑细部

石砌墙体、雕梁画栋、吻兽屋脊、马头墙、壁画，显示出关帝庙悠久的历史，也为乡土建筑文化传承提供了研究的素材。

屋脊雕刻细节

成家老宅——花房子

基本概况

漫川关镇东寺村大坪组花房子是清朝道光年间的韦氏兄弟二人筹集银两修建，距今已200多年历史。

古宅布局

花房子占地2亩，有正房五间三排共15间，内有两个天井，两边厢房6间，共21间。

特征：古老宅邸。

花房子院落

建筑特色

花房子，占地约1300平方米，正房共15间，偏房6间。前后两院各有一个天井，构成了"日"字形平面。院落建筑整体进深较大，天井偏小，具有川北民居的特色。建筑屋脊上的砖雕以文字"禄""囍"等文字作为装饰，并辅以仙鹤、莲花等图案，寓意浓厚吉祥之意。建筑内部的门窗、栏杆、雀替等雕刻，工艺玲珑隽秀，内容多以花草鸟兽、人物故事为题材，彰显出了极高的民俗艺术与人文价值，生动活泼且具有教化意义，也对后人有很好地昭示，为研究挖掘古民宅文化提供依据。

门窗艺术

花房子院落内部

屋脊艺术

保护建议

近年来,当地有部分群众肆意侵占毁坏。为切实保护好古建筑,建议县政府将此古建列为县级文物保护单位修缮,以确保古建完整。

细部构造

山阳县　165

商南县

金丝峡镇太子坪村

十里坪镇核桃坪村

富水镇王家楼村

城关镇任家沟村

商南县

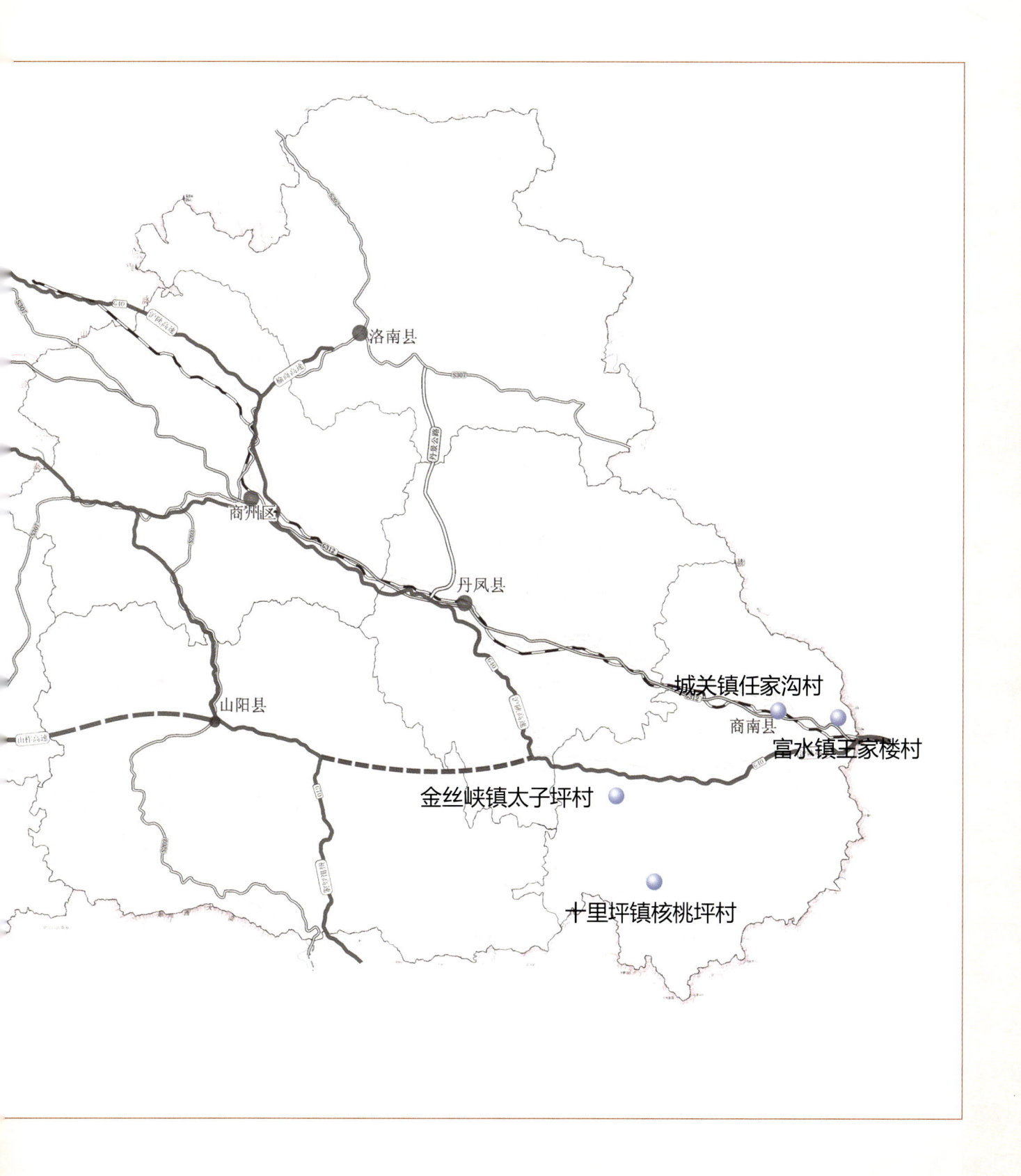

金丝峡镇
太子坪村

基本概况

太子坪村位于金丝峡景区沿线中部，距县城 45 公里，距金丝峡景区 8 公里。全村总面积约 30 平方公里，小河穿村而过，道路依河而筑，具有独特的地理风貌、人文景观和丰富的自然资源。

太子坪村是金丝峡旅游区保存较为完好的自然村庄，村庄依山而建、古朴有韵，村内绿树掩映、房屋错落有致。

特征：环境整洁的美丽乡村。

王家坡古村落概貌

金丝峡镇太子坪村庄布局图

村落布局

村内民居建筑坐落在山间，依照山势纵向层叠错落。主要干道是石板铺成的蜿蜒而上的小路，其他小路基本是是碎石铺就，村前有一条潺潺的河水清清流过。村落中间靠近河堤路旁有一处小广场，为村中居民提供了纳凉休闲之地。

从村落及房屋的布局中可见当地重视风水择地，讲究朝向，布局以自然景物来烘托居住环境。在道路和村庄周围竹林丛生，整个村庄处在"竹林环抱、常年翠秀"的优美环境之中，村容景致极好。

房前屋后竹林绿化

石砌山墙

民居大门

寻找记忆中的村落　商洛市特色村落小镇集锦

170

村落布局

建筑特色

村落中建筑以民居为主，多为 20 世纪四五十年代建造，建筑多为一层，白墙灰瓦坡屋顶木柱，屋脊雕花，风格统一。每户形成独立的院落，院落间又相互连通，院子以石板按一定的纹理铺砌，院内有绿色植物，院后种植成片的竹林，形成典型的陕南民居建筑风貌。

居民在建房时很讲究"风水"。如：宅基靠山为"靠椅"、水为"玉带"，意在追求"富贵"之像；房屋前低后高，寓子孙英豪之意；灶房设在东厢房，厕所设在西端，俗称"东起西落人丁旺"；大门柱子做成外圆柱，进入室内为方柱，表示对自己要"严于律己"，对他人要"宽以待人"。村落多以三合院（或四合院）为主，正房是民宅的主体建筑，一般为三大间。东西两侧为厢房和厨房，前面留出大门，用厚实的木枋作为大门，民居的山墙和后檐墙底部采用石砌。

特色门楼

民居

通村桥

寻找记忆中的村落　商洛市特色村落小镇集锦

民居

保护建议

古村落是传统文化的活化石，是该地区先民留下的珍贵遗产，承载着历史烙印，在村落的环境、建筑、装饰方面体现出来文化品位可以转化为造福一方的文化旅游产业，为当地发展提供了文化动因。

太子坪村作为一个纯粹的自然村落，集合了商洛地区传统文化、淳朴民风的底蕴。在村落的开发建设上不能搞翻天覆地式，而应在内涵方面仔细挖掘，把开发归结为一种文化修复工程，一是重视规划和建设的延续性，在修缮中应修旧如旧，不能简单地按照现代人的眼光大加修整，这样不仅会破坏村落的原有整体风貌，还会使村落在现代与古老营造理念的交互抵消中变得不伦不类；二是要有整体性的眼光。在建设和改造中不能将环境孤立起来，就建设设计建筑，就环境选择环境，就材料选择材料，而要将建筑、环境、材料以及各种可能与建造有关的环节进行整体考虑，使整个村落在山水关系、树木疏密、道路曲直、院落布局、房屋高低、细部装饰等方面浑然一体，形成特有的格局与气氛。

村落局部鸟瞰

十里坪镇 核桃坪村

基本概况

核桃坪村位于商南县十里坪镇西北部,距县城 67 公里,距十里坪镇 19 公里。东与金丝峡风景区后山门接壤,南抵本镇白鲁础村,西与山阳县相邻,北与十里坪镇双店村相连。

核桃坪村距离高速路下线口 46 公里,依托金丝峡景区后山门旅游专线道路,交通便捷。山体绿化覆盖率高。气候温暖湿润,物产丰富,地域广阔,山川兼备,水资源丰富。村内有栗园山寨农家乐集群、点将台、七姊妹古树、石板房乡村盛夏避暑游、核桃产业示范园观光、自然景观黑龙洞、中共中原局会议旧址红色游等旅游资源。

特征:环境整洁的美丽乡村。

民居院落

村间小路

屋脊装饰

石板材料的屋顶

山边的民居

寻找记忆中的村落 商洛市特色村落小镇集锦

178

民居

村落布局

核桃坪村民居分布较为分散，民居点以村民小组为单位集中在各村民小组所在地。

乡村石板房集群分布于金丝峡后山门到中共中原局会议旧址的沿途。核桃坪村盛产优质石料，当地村民因地制宜，就地取材，用石料修造出一座座颇具地方特色的石板房。石板盖顶，风雨不透。这种房屋冬暖夏凉，防潮防火。天然石板材质的屋顶，形成"冰纹"肌理，方形石片则铺成菱形。加上整齐而又生动的白墙、坡形屋顶以及特色的石板房，构成了核桃坪村独具特色的石板房民居群的主调。

民居外景

富水镇王家楼村

特征：环境整洁的美丽乡村。

基本概况

富水街是出豫入秦的第一边贸重镇，古城"阳城驿"，唐代中期改名"富水驿"，清为"富水关"。境内山水田园秀美，人文自然景观奇特。

闯王寨位于富水镇王家楼村金钟山上，曾经是明末农民起义领袖李自成屯兵商洛休养生息的地方之一。

整体布局

闯王寨位于金钟山顶，山东边是滚滚的富水河，一河两岸地势开阔。山北有一山垭，高约十余米，山顶被削为平台，相传是闯王当年的练兵台。从东面黑漆河仰望，见山寨高崖峭壁，山势奇峭。东北南三面，无路可通。西南密林里，有小径一曲，可攀扶而登。

鸟瞰闯王寨

议事厅

观音阁

建筑特色

闯王寨顶用巨石围就，屋舍三进，可容千人，左右耳房有石雕、石碾、滚木、礌石等残留遗存。墙外有古松一株，高踞峰头，挺然独秀。山寨四周有用片石砌成三尺宽、七尺高的围城，起伏蜿蜒在山峦的脊梁之上。较远的许多山头也已夷为平台，可分兵扼守，和主寨结成连环，攻可克、守可卫，足见当年义军防守的壁垒森严。

议事大殿内部

开发保护措施

闯王寨是商南县新开发出的一处文化生态综合旅游景区,目前已建成了景区与312国道贯通的9公里水泥专线公路,在景区大殿原址开辟闯王寨议事大殿一座,建成多功能办公用房10余间,殿前仿古城墙200米,广场300平方米,仿古岗哨角楼一个,登山游步道2.5千米,临时停车场500平方米,修葺完善佛事活动场所——观音阁一座和厢房8间,在寨顶修建水冲式公厕一座,在山脚修建安装环保生态公厕一座。其他景区游步道、节点景观、东西寨沟山门及配套基础设施正在进一步规划设计和建设中。

闯王寨山顶一景

城关镇任家沟村

基本概况

城关镇任家沟村位于商南县城以南 2 公里，全村辖 7 个村民小组，308 户 1062 人。商郧路、沪陕高速连接线贯穿南北，通村入户道路全部硬化。自然景观和人文景点，生态环境良好，山清水秀，植被茂密，民居依山顺水而筑，区域环境优美如画。

特征：田园度假村。

任家沟民居

城关镇任家沟村鸟瞰图

城关镇任家沟村布局图

商南县 185

门楼

任家沟景观环境

商洛市特色村落小镇集锦

寻找记忆中的村落

村庄布局

园沛悦农家乐

民居布局

村庄布局

任家沟村依托区位优势和资源优势，结合新农村建设，大力发展乡村旅游，作为"美丽乡村"创建试点，村容村貌整洁，充分展现了商洛乡村的新变化、新风貌，实现人与环境和谐发展。脏乱差状况从根本上得到治理、人居环境明显改善。

任家沟村建设按照规划设计，积极组织实施民居改造、环境整治、安全饮水、道路通达、亮化绿化等工程。目前，该村产业路、旅游路、通行路纵横交织，优势产业基础更加凸显，水电讯视全覆盖，全村308户民居全面进行了改造、装饰，60%的农户已形成了独家独院、干净卫生、徽派建筑的农家小院，90%的农户实施了改厨、改圈、改厕"三位一体"的沼气项目。以生态优势聚人气，通过招商引资建成了生态观光茶园、茶叶精深加工厂、垂钓园、花卉盆景园等。

农家小院

民居大门

柞水县

凤凰镇凤凰街村

石瓮镇东甘沟村

红岩寺镇红岩寺街

营盘镇营镇村

营盘镇朱家湾村

瓦房口镇

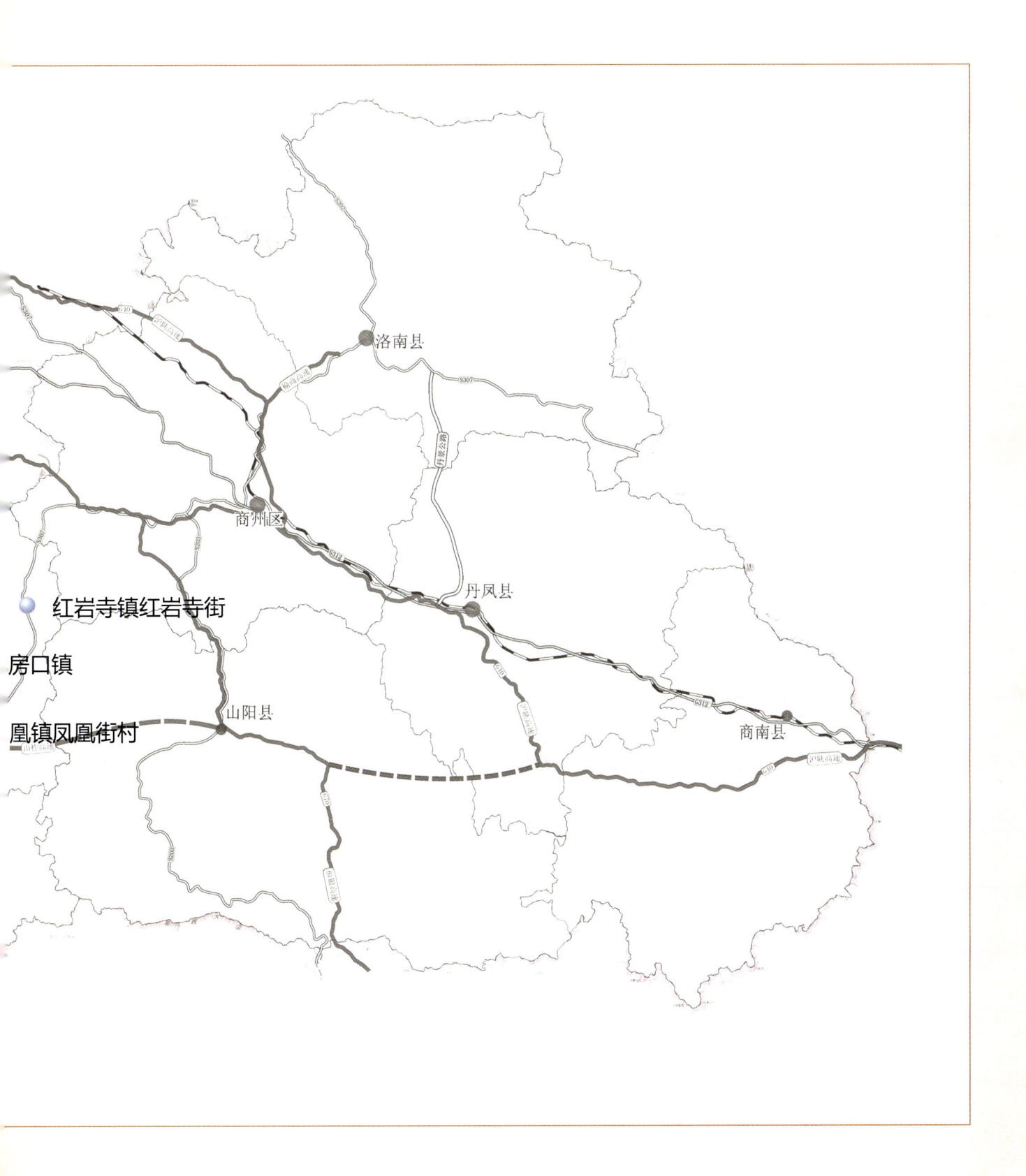

红岩寺镇红岩寺街

房口镇

凰镇凤凰街村

洛南县

商州区

丹凤县

山阳县

商南县

柞水县　191

凤凰镇凤凰街村

基本概况

凤凰镇，亦称凤镇，位于商洛市柞水县东南部，社川河中游，距柞水县城45公里，距西安107公里。洛柞公路纵贯全镇，交通便利。

凤凰镇历史悠久，唐代始有街市，在清朝顺治初年，豫、鄂、川等地客商看中此处水运交通发达的优势，来凤凰镇经商并定居下来。清道光年间因凤凰嘴至西安的骡马道辟就，货运至此而后通过水运发往湖北等地，商旅往来多云集于凤凰嘴，从而形成固定的集市。

特征：保留完整的历史名镇。

古镇入口门楼

商铺

清嘉庆年间凤镇街广建街房门面，广招客商和手艺人，疏通汤(峪)谷(城)骡马驿道，金钱河水路航运，开通商流、人流、物流，新建街房百余间，商业贸易一时繁荣至极，具有"小上海"之称。在清末民国初年，商埠字号、店铺钱庄遍布满街，曾出现了32个大的商号。凤凰镇成为秦岭以南、连接长江水系和黄河水系的重要商贸集镇。北方的山货土特产经马帮和人驮转运至此，再经水路南下，而江南的丝绸、楚米又经水路在此下码头，而后由旱路翻越秦岭送入关中。

凤凰古镇现状图

凤凰古镇民居
雕花

　　凤凰古镇建于明末，兴于晚清末，有着200年的历史，至今保存完好。建筑以四合院为主，大体沿袭徽派建筑风格，较具地方特点。最具代表的建筑有"古钱庄""高房子""茹聚兴药铺""孟占先绸庄""康家大院""郭氏客栈"等。2002年12月列入省级第四批"古建筑群民居"文物保护单位。

　　凤凰镇是一个出"文化"的地方，有汉调二簧、渔鼓表演、柞水酒歌、山歌对唱等多种戏曲形式，汇集南北特色。凤凰镇汉剧团的"汉调二簧"曾经让凤凰这座古镇声名远播。2006年"汉调二簧"已被列入首批国家非物质文化遗产名录。

古街

寻找记忆中的村落
商洛市特色村落小镇集锦

凤凰古镇规划图

196

村落布局

古镇的总体格局很像一只飞腾的凤凰，每当夜晚灯火燃起的时候，站在镇东面山上俯瞰，网状街道便可勾画出一只展翅的火凤凰形状，左翅亮痕，便是"S"形老街的中央街道。在这条东西两千多米长的古镇上，分为中街、下街、骡马巷、后街等，至今仍完好保留着120多座明清时期的民居。沿主街有一条石板覆盖的小溪，另有一条与之垂直的小溪穿镇而过，形成十字形水系。老街两旁靠街全是商铺，商铺后面是住宅。

古镇建筑布局图

寻找记忆中的村落　商洛市特色村落小镇集锦

孟家院子

丰源钱庄

建筑特色

凤凰镇整体平面布局宛如展翅凤凰,其主街两侧存有大量明清建筑,因地理位置接近皖、鄂,整体风格上与徽派建筑相近,粉墙青瓦,屋脊中央和两旁均有装饰图案,正中为莲花或梅花,两边有脊兽或龙头。大户人家的门楣上还有木雕,柱子是石制柱础,石材均是通过水路从外省运来的。房屋山墙由下檐而上,筑有与屋脊齐平的马头墙,兼有装饰和防火的作用。

凤凰老街

墙头雕刻

墙面雕刻

寻找记忆中的村落 商洛市特色村落小镇集锦

建筑屋顶均为两坡，各户建筑之间均建有马头墙，层层叠高，气势非凡。临街大门多被漆为黑色，配之灰瓦、黛墙，十分典雅、精致。因商贸发达缘故，村上建筑砌筑也都十分讲究，每家每户在建筑的基石、山墙、门窗等处，都进行浮雕、彩绘等艺术处理，工艺精湛，具有明显的南方艺术风格。商铺铺面宽不盈丈，宅深却达三四十米，据说铺面的间数和房屋的纵深度都代表了主人当时的富裕水平。老街两旁的房屋都是三进三开，三个院子逐层升高。院落的格局基本为四面坡向中央的天井，天井中有暗管将雨水排出室外，这种民居形式当地人称为"四水归堂"，有肥水不流外人田的意思。房屋用块石砌屋基，用青砖砌墙；屋顶呈人字形，均先用寸板镶铺，然后敷泥上瓦，再在两沟瓦中缝敷一层沟瓦，以防暴雨期间瓦沟水横溢流入屋内；屋檐均用滴水瓦导流，防止雨水散布。

院内天井

马头墙

盛发客栈

寻找记忆中的村落 商洛市特色村落小镇集锦

保护建议

凤凰古镇拥有保存非常完整的明清建筑群，石板街、马头墙、黑漆木门、木质阁楼，是凤凰街鲜明的特征。这些历史遗存能保存到现在，体现出当地群众对古建筑有很强的保护意识。建议要做好古镇保护规划，严格控制现代建筑的建造，特别是老街周围的建筑风格。对旧房危房要本着"修旧如旧"的原则，尽量保持古建筑的固有格局。在对古镇旅游的开发利用中，要以保护为前提，对古镇建筑进行合理开发利用。

石材墙面

石瓮镇东甘沟村

基本概况

　　石瓮镇东甘沟村，位于柞水县的东南部，是柞水溶洞景区的东游区，该镇距县城13公里。西康铁路和包（头）北（海）高速公路穿境而过，交通便利。辖三个村民小组820人。这里山青林茂，水秀树奇，冬暖夏凉，是一处难得的旅游胜地，度假天堂。

特征：环境优美的美丽乡村。

银杏山庄

村落现状

银杏庙

村庄布局鸟瞰图

村落布局

东甘沟村以"徽派"建筑为主,大多采用独家独院的模式。居民依山沿河而建,呈狭长形。街道格局为"一"字形,旁边就是溪流,建筑与自然相互融合。房屋建筑古朴典雅,部分民房经过改造后,造型别致,与自然和谐统一。

寻找记忆中的村落　商洛市特色村落小镇集锦

现状民居

柞水县

农家乐集群

东甘沟村围绕建设社会主义新农村综合示范村的目标，按照"生产发展、生活宽裕、乡风文明、村容整洁、管理民主"的总体要求，紧扣新农村建设这一主题，全方位服务旅游产业，将完成全村208户村民住房"徽派"建筑改造工程，同时实施沟口至朱家沟口3平方公里的小流域治理，在麻地沟口中梁重新修建10间二层500平方米的村中心小学和4间二层200平方米的村办公室。计划投资200余万元，新建占地15亩、接待能力为200人的银杏山庄及茶舍，并完成43户移民搬迁，全面实施辖区居民房屋庭院的绿化、美化、亮化、硬化工程，新建5座公厕、8个垃圾池、40个垃圾箱，完成4公里的龙潭森林公园道路建设，新修8座便民桥。可以预见在不久的将来，东甘沟村将会成为都市人休闲体验田园生活的最佳去处，让你享受到一个山清水秀、风光秀丽的世外桃源，流连徜徉在一个村容整洁、物裕民丰的社会主义新农村。

保护建议

　　石瓮镇东甘沟村村落与自然能较好的融合统一，经过改造成徽派建筑群后，显得更加别致，因此在后期保护过程中要特别注意村落及其周边的自然环境，要保持整体的风貌特征，要制定科学合理的规划，并给予法定的地位，免遭其他形式的破坏。

村委会

红岩寺镇
红岩寺街

基本概况

红岩寺镇位于柞水县东部。全镇总面积190.43平方公里，东邻山阳县，西连蓝田县，南邻镇安县，北接商州区，镇安至商州的干线公路和柞水至商州的干线公路贯穿该镇南北，镇政府所在地距商洛市60公里，距柞水县城75公里，是安康、旬阳、柞水、镇安通往商州的必经之路，有柞水"东大门"之称。

特征：保留完整的历史名镇。

红岩寺老街

村落布局

红岩寺老街是一个千年文化古镇,据考证,其兴建历史较凤凰古镇为早。古镇主要沿着老街呈不规则带状分布,老街位于现状村落的中心部分。老街仍存在着唯一一条界面连续的历史街巷。街巷两侧建筑多为一层,材料多采用木结构或土木结构,以当地出产的石料为原料。建筑风格古朴厚实,起落自然。

老街两侧民居

建筑特色

红岩寺戏楼是省级古建筑保护单位,大约建于明朝洪武年间(1368年之后),清嘉庆年间,因地震和李家沟山洪暴发,庙宇、戏楼遭到破坏。嘉庆二十一年(1861年)重新修复,结构为三层土脊飞檐,柱角雀替。面阔8米,进深4.7米,台级高2米,柱高4.5米,柱径0.45米。梁柱上有木雕人物、禽兽等装饰。天花板为四层、四角八卦太极画,壁画为"封神榜"中姜尚和哪吒为太师助战的场面。楼两侧为栏杆,后墙、山墙为砖砌。瓦项为鳞状叠瓦,有侧角生起,置有铜铃人物像各33个。建筑工艺精湛,音响效果极佳。唱戏时可以不用扩音设备,远近的听众都能听清唱腔和道白。音响专家评论它是"颇具声学原理,阁楼式古建筑的优秀代表",也是柞水县境内保存完好的人文景观。

修复前戏楼

红岩寺老街

保护建议

目前，红岩寺老街的整体风貌保留较差。对民居进行保护，要在保留原有传统风貌的同时，着重完善基础设施，注重老街环境治理，提升周边环境，加强本地民居特色的挖掘和展示，建设中要突出原始、生态、乡土文化气息，打造最具生活气息和最有吸引力的自然村落。

营盘镇营镇村

特征：商洛境内群山的屋脊。

基本概况

营盘镇地处乾祐河源头，柞水县西北部，西与宁陕县相接，北与长安县毗邻，是柞水县的北大门。境内北高南低，北部的牛背梁海拔2812米，是秦岭东段最高峰，也是商洛境内群山的屋脊。

营盘镇自然资源丰富。牛背梁有"天然药库"之称，中药材品种繁多，有连翘、五味子、二花、柴胡等；主要用材有油松、华山松等，其中冷杉为我国特有树种。牛背梁生息繁衍着国家一级保护动物羚牛，其他野生动物有豹、熊等。境内植被良好，植被覆盖率在90%以上。

孝义厅遗址位于今营盘镇营镇村大山岔，仅剩几根粗大立柱支架，残垣断壁、柱基石、巨大石条、马槽等零落四周。清乾隆四十八年（1783年）置孝义厅于大山岔。政区辖现柞水县。大山岔地势险要，两面环水，背依大山，可据可守。厅城为土城墙，东西长近600米，南北宽约180米。1802年毁于战乱和水灾。

孝义厅

村落布局

村落布局依山就势，居住建筑多为两层砖混宅院，沿河带状组团布局。村内通户小路较为平整，但蜿蜒曲折。民居三五成群分布，依山傍水。整个村庄环境较为整洁，环境优美，建筑均以灰白色调为主，展示了营镇村的自然村落特色风貌。

屋脊

村落鸟瞰

文脉传承

营盘镇村境内的古西康之路是陕西连接湖广的天然纽带，因此营盘素有"秦楚咽喉"之称。其地毗邻长安，山林茂密，莽林可以为帐，洞寨可以为屋，是藏龙卧虎的地方。宋代以后为兵家安营扎寨之地，历代官府皆派兵驻扎，因军队营盘而得名。

村落布局

清乾隆四十八年（1783年）在营盘地方设置相当于县制的孝义厅，今东城遗址犹在。当时即有集市，集日为每旬二、五、八。时因大山岔厅城狭小，营盘镇距厅城只有2里路程，商家行旅多以营盘为站，加之时有小舟沿乾佑河而上至营盘，又有西安至兴安（今安康）的义谷骡马大道经过，因此营盘又有"水旱码头"之说。

民国二年（1913年）撤厅设孝义县。民国四年（1915年）改为柞水县。民国二十八年（1939年）西安产销合作社在营盘设立分社。

革命年代，这里曾建立过苏维埃政权。

新中国成立后设立营盘区，辖4个乡：老林乡，龙潭乡，药王乡，太河乡。1999年撤区并乡时将龙潭、太河两乡和药王乡的沙沟、安沟、营镇、药王堂、药王沟、车家河6个行政村合入，改名营盘镇。

2002年，在乡镇区划调整时将老林划入，撤乡并区，设营盘镇，辖7个行政村：药王堂村，营镇村，安沟村，龙潭村，杨四庙村，秦丰村，朱家湾村，共31个村民小组。

民居布局

营盘镇朱家湾村

特征：自然风光小镇。

基本概况

柞水县营盘镇朱家湾村，位于柞水牛背梁国家森林公园南坡沟壑间，共有四个村民小组，462户1749人。

牛背梁国家森林公园位于秦岭南坡的柞水县营盘镇，海拔1000～2802米，总面积2123公顷，距西安42公里，秦岭长隧穿腹而过，S102省道直达公园门口。茂密的原始森林，清幽的潭溪瀑布，独特的峡谷风光，罕见的石林景观，以及秦岭冷杉、杜鹃林带、高山草甸和第四纪冰川遗迹所构成的特有的高山景观造就了牛背梁景观多样性与独特性。

牛背梁大门

农舍和菜园

民居布局

村落布局

村落布局依山就势，居住建筑多为一层土木宅院，就地势的高低组合布局。村内通户小路高低起伏，蜿蜒曲折。房屋鳞次栉比，错落有致，充分地展示了朱家湾村的自然村落特色风貌。

村落布局

建筑特色

朱家湾村多是白墙灰瓦的房子，建筑多为土坯结构，有少部分砖混结构。家家户户门前都挂满了成串的玉米、柿子。白色墙、灰色瓦、红柿子、黄玉米，还有那蓝天白云、小桥流水，构成了自然环境优美，充满"小桥流水人家"韵味的乡村院落。

民居

瓦房口镇

基本概况

瓦房口镇是地处秦岭南麓、九华山沿脉、金井河流域的一个山区小镇。该镇位于柞水县城东南部,全镇共辖14个行政村,97个村民小组,全镇总面积为199.7平方公里。这里平均海拔885.5米左右,无霜期为220天左右,属中温气候,境内群山连绵交错,地面起伏极为显著,既有河谷平垣地,又有坡垣地和山坡地,大部分村民居住在高山、半高山和深山之中。

特征:全部用石头砌成的房子。

石阶

老房子

建筑特色

瓦房口镇居于万山之中,金井河从境内穿过,长年冲刷山体及河床,留下了大量的河石,成为当地人们砌筑房屋的天然材料。但这些石头长年被河水冲刷,形态圆润,凿制比较困难,这些石材大多不作打磨,通过选择大小合适的石头进行叠筑,大多作为建筑基础使用。建筑的墙体仍多为土坯,外侧再涂以黄泥以防风雨侵蚀。有些老建筑的屋顶则使用较大面积的石片,覆盖于檩、椽之上,替代瓦的作用,地域特色鲜明。

老房子

乡村河道

镇安县

云盖寺镇

杨泗镇桂林村

茅坪回族镇茅坪村

柴坪镇文家庙村

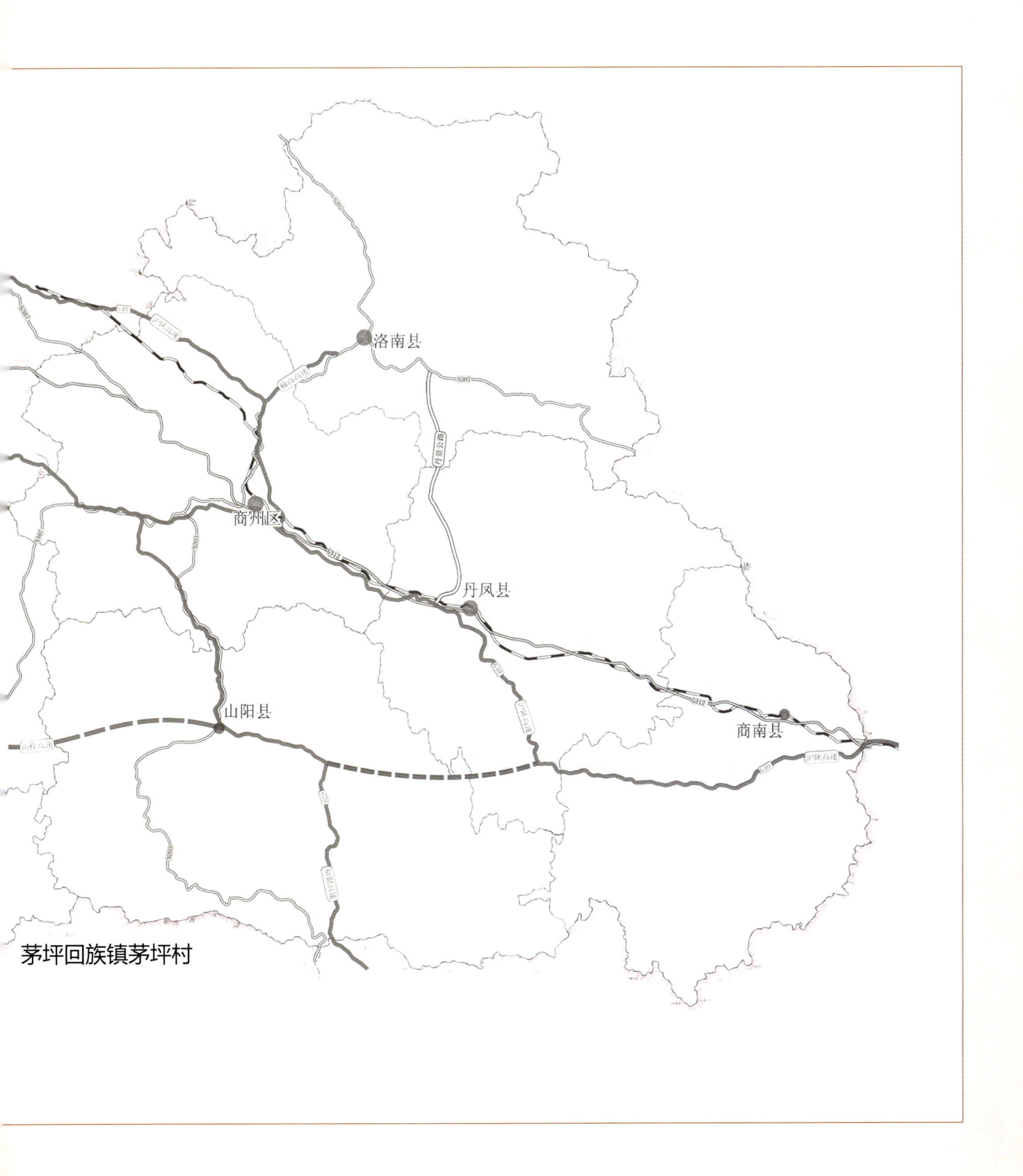

茅坪回族镇茅坪村

云盖寺镇

基本概况

云盖寺古镇距镇安县城 19 公里，是小镇政治、经济、文化的中心。云盖寺镇始建于唐初，大中年间已初具规模。据《镇安县志》载，云盖寺于明正统后复建，重楼复殿规模壮观。1949 年建云和乡，1958 年设为云和管理区，1961 年为云和镇人民公社；1963 年 8 月成立云盖区；1984 年更名为云盖寺镇。1996 年底，全镇面积 123 平方千米，人口 9459 人，辖 12 个村、66 个组。1997 年 5 月，将红洞乡并入云盖寺镇。云盖寺境内自然资源丰富，气候宜人。有唐代建筑云盖寺大庙，清代建筑刘家大院子，白居易曾远游的白侍郎洞等旅游景点。

特征：商於古道上的历史名镇。

云盖寺全景图

古镇布局

古镇主要沿着县河中下游及风凸岭不规则带状分布，云盖寺古镇位于现状村落中心部分。古镇现存唯一一条界面连续的历史街巷。街巷两侧建筑高度多为两层，材料多采用木结构或土木结构，以当地出产的石料为原料，打造房屋基础，肌理丰富。古街呈船形，依山傍水，绿荫葱葱，与自然融为一体。保存有形态完整的、传统风貌连续的历史街巷382米。现存历史建筑面积62291.22平方米。

保存有集中反映地方建筑特色的宅院府第、祠堂、驿站、书院会馆等18处。保存完好的住宅有87户，159余间，天井院落46个，大部分山墙有封火墙。临街门面为铺板门，一般二层都有阳台，阳台装饰各异。临街正房一般为板椽明撒瓦，即不置望板，不坐泥，灰色板瓦阴阳覆面。檐口用下窄上宽滴水瓦。

云盖寺老街

云盖寺古建筑群

历史街巷

建筑特色

古镇云盖寺，几经劫难，建筑大部分毁于兵燹。民国初年厢房被毁，仅剩前殿和后殿。现存大殿一座，应该为明代建筑。正殿大体框架保存完整，建筑内还保存有初建时的壁画、砖雕等。面阔三间11米，进身三间11米。为正方形，复合梁架。建筑保留了诸多砖雕艺术作品，形态勾勒十分细致，殿内还存有重建时的壁画一幅。

在云盖寺镇老街上，还存有一些明清时期的建筑，建筑之间马头墙高低错落，墙上多有砖雕，形成了一幅连贯的山墙艺术画。建筑屋脊将瓦当竖立逐片紧密排列，脊端吻兽也造型独特，极具艺术性。镇上民居建筑进深都较大，天井十分狭长。因雨季水量较大，在庭院之中，有较深的储水沟，并通过暗洞将水排出院内。

云盖寺全景图

民居内部

天井　　　　　　　　马头墙

保护建议

古镇的交通、卫生条件、基础设施水平尚需提高。现在古镇已制定了保护建设规划。要提高居民的保护意识，改善古镇周围水质。将古镇保护与旅游发展有效结合，促使古镇旅游良性发展。

云盖寺古街的历史建筑主要建设年代多为明清时代。沿街东西向排列。多是传统四合院式布局。建筑功能为商住结合。木质结构，前面大多有门面，里面是狭长的院落，呈"天井"式。3进式院落，建筑为9间。厢房对称，布局严谨。房与房之间大多有马头墙（封火山墙）相隔。

马头墙雕花

绣楼

杨泗镇桂林村

特征：自然村落。

基本概况

杨泗镇，位于镇安县西部，南与柴坪镇、木王镇相连，西与安康市宁陕县毗邻，北与月河镇接壤，桂林村南与柴坪镇、木王镇相连，西与安康市宁陕县毗邻，北与月河镇接壤。镇域最高点鹰嘴石海拔2601.6米，最低点甘岔河口531米。

桂林村是杨泗镇人民政府所在地，距镇安县城84千米，桂林村委会驻地胡家坪。辖区面积56平方公里，辖7个村民小组，地势西北高东南低，2012年末全镇652户，总人口2171人，农业人口2122人；桂林村290户，1029人。

杨泗镇自然资源优势明显。境内生长植物1300余种，国家保护树种30余种；栖息着200余种野生动物，其中有30多种国家保护动物，被誉为"植物的世界，动物的王国"。近年来，杨泗镇充分利用区位及资源优势，大力发展旅游业，暂已取得显著成果。

村道两旁建设　　　　　　　　　　民居

通村路

小桥流水

村落布局

  杨泗镇桂林村的村落布局具有典型的自然村落散点式布局特色，充分体现了生态、田园和人文三个理念，真正体现"天人合一"的内涵，保持了浓郁的地方特色。这里群山相拥、绿水环绕。翠竹烟柳云杉嫣桃相映成趣，让人有一种清纯典雅、世外桃源的感觉。

民居

休闲广场

建筑特色

杨泗镇民居多以清代土木结构为主的房屋结构，近年移民搬迁逐步向集镇集中，现已建成集中安置点5个，其中桂林村3个，童家湾旅游休闲广场1个。目前杨泗镇被命名为县级园林镇、省级生态镇，桂林村被命名为市级生态村，2014年被列入全县3个市级美丽乡村创建村之列。

保护建议

在后期村镇建设中，应时刻将环境保护作为首要考虑要素。同时充分利用现有资源优势，发展旅游业。在发展旅游的同时，注意将自然保护和开发利用有效衔接，进行保护性开发。

其次，要完善村落内部的基础文化设施，普遍提升居民的文化素质素养，真正将桂林村建设成为美丽乡村的典范。

民居

农家乐 　　　　　　民居大门

茅坪回族镇 茅坪村

特征：民族特色村落小镇。

基本概况

茅坪镇位于镇安县东南部，是两省（陕西省、湖北省）三县（镇安、旬阳、郧县）结合部。东与湖北省郧西县泗峡口镇庙川乡接壤，南与旬阳县落架乡相连，西与西口回族镇、关坪河乡相邻，北与米粮镇相毗邻。

镇政府驻地茅坪村，是原茅坪、沙坪、寨湾三村合并重建的一个回族居住集中村，全村土地总面积10.42平方公里，平均海拔1000米。全村辖5个村民小组，532户，2382人，其中回族396户1740人，分别占全村总户数和总人口的78.4%和78.69%。

茅坪镇自古就是陕西省通往湖北省的交通要道。因此境内很多地名取自湖北，比如境内有山，因与湖北交壤，名为"湖北大梁"。

境内现保存有一段城墙，因茅坪镇与湖北的关系，上书"湖北口"三字。

古城门

村落布局

村落布局体现了典型的陕南村落布局特色。同时因茅坪村是回族聚居村,在空间布局及建筑特色上也有典型的回族特色。

茅坪村是典型的群山中的村落。两侧皆是山体,河流沿一边山脚蜿蜒而过。村庄建筑沿河流和山体带状分布。依山傍水,绿荫葱葱,与自然融为一体。现状建筑大多为居住型建筑,沿主要街道布置有商铺。

建筑特色

因地域及居民民族属性关系,茅坪村建筑大多同时体现陕南民居与回族建筑的双重特色。建筑样式、体量大体与镇安其他乡镇建筑相似,但门楣上有伊斯兰教的经文。

在近年的房屋建筑风格设计上,也很注重体现地方民族特色,尤其是移民搬迁安置区内建筑,统一设计有民族风格商铺。

回坊清真寺

回坊清真寺

标志性建筑

茅坪村有蒿树垭回坊清真寺两座，其中蒿树垭清真寺始建清初，寨湾清真寺始建民国初期。两座清真寺历经战火动乱及自然灾害致危，分别于 2010 年及 2012 年拆除重建，得以重建的两座清真寺，既是回族进行宗教活动的集中场所，也是象征当地伊斯兰文化的标志性建筑。

保护建议

（1）首先在城镇化快速发展的过程中，要充分保护茅坪村所独有的民族特色，尊重民族风俗和习惯。

（2）在村庄发展的过程中，要做好相关规划。将电力、电视、电信、宽带网和自来水及排污管埋入地下，增加消防设施，减少火灾隐患，改善饮水质量，减少水源污染与视觉污染。同时设置污水处理厂及垃圾填埋场等卫生防护措施，保护自然环境。

柴坪镇文家庙村

基本概况

文家庙村位于柴坪镇小人河上游，木王国家森林公园东门户区，平均海拔1400米以上，村内沟壑纵横，森林资源丰富，气候湿润。总面积65842亩，耕地面积2346亩，408户，1654人。

特征：环境优美的新农村。

吊桥

民居

村落布局

文家庙村沿小人河两岸分布，居民点分布主要有两种形态，一种是宽阔地带的集中居民点，一种是较小地块分散的独立式居民点。整体呈条带形村庄布局。村子与自然环境的关系处理较好，临山临水但不近水，每户门前都有湿润的土地。独立式居民每户都有由桥连接至对岸平坦的道路。

村庄鸟瞰

民居

小桥流水

石砌台阶

民居

建筑特色

文家庙村的建筑特色之一在于选址秉承"背山面水"的理想居住模式建造。特色之二在于大部分建筑沿用了当地建筑"白墙灰瓦双坡屋面"的模式。建筑按时间顺序可分为两类：一类是清代康熙年间邹姓富户建造的四合院，是标准的传统院落式建筑，正房、东西厢房、倒座房及坝子分明，现存两组，一组邹姓人家居住，一组已卖给马姓人家居住。二类是现代建筑富有传统民居特点，这类建筑主要是独立式住宅居多，都是"背有靠，前有照"模式。每组居住单元由靠山、小桥、流水、院落、正房、一侧厢房（一半在右侧）组成。特色之三在于清代交通工程技术发达。村口有一座拱桥（原通往木王的大道），建于清代，现在保存完好。

民居外部

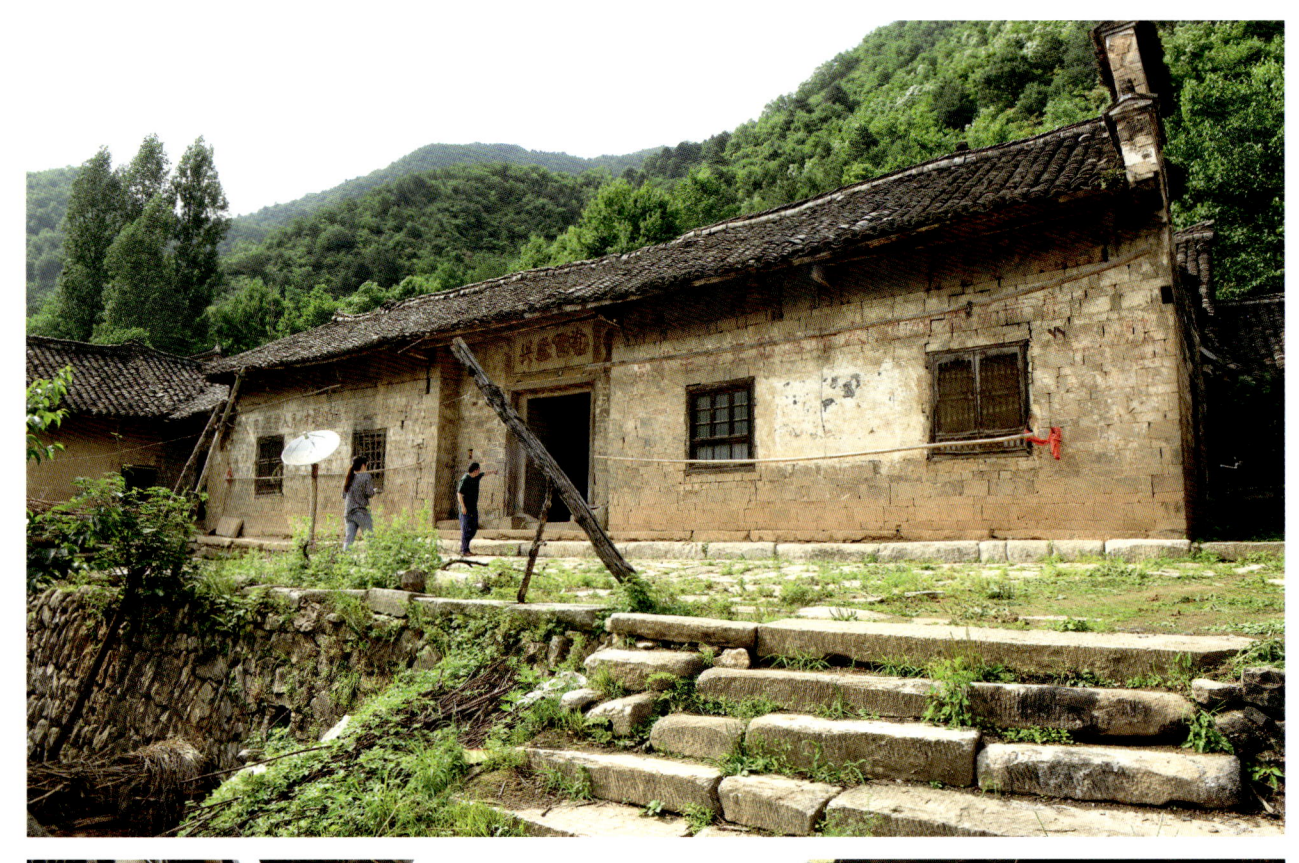

民居内部

寻找记忆中的村落　商洛市特色村落小镇集锦

保护建议

要正确认识其价值，发掘其持续发展的动力。将其作为旅游资源，对于清代四合院建筑和清代拱桥，要关心它们作为自然遗产如何在当地居民的社会生活中获得利用。应将其作为设计构思和建造技术的典型进行推广。应该采取渐进方式保护和延续村庄布局，制定明确的政策和加强保护研究的力度。

小桥流水